ORIGINAL POINT PSYCHOLOGY 沉心理

李子勋经典书系·亲子家教

李子勋◎著

# 唤醒天性

华龄出版社
HUALING PRESS

**图书在版编目（CIP）数据**

唤醒天性 / 李子勋著 . -- 北京：华龄出版社，
2023.3

　　ISBN 978-7-5169-2490-7

　　Ⅰ . ①唤…　Ⅱ . ①李…　Ⅲ . ①儿童教育－家庭教育
Ⅳ . ① G782

　　中国国家版本馆 CIP 数据核字（2023）第 045445 号

| | | | |
|---|---|---|---|
| **策划编辑** | 颉腾文化 | | |
| **责任编辑** | 鲁秀敏 | **责任印制** | 李未圻 |

| | | | | |
|---|---|---|---|---|
| **书　　名** | 唤醒天性 | | | |
| **作　　者** | 李子勋 | | | |
| **出　　版** | 华龄出版社 HUALING PRESS | | | |
| **发　　行** | | | | |
| **社　　址** | 北京市东城区安定门外大街甲 57 号 | **邮　编** | 100011 | |
| **发　　行** | （010）58122255 | **传　真** | （010）84049572 | |
| **承　　印** | 文畅阁印刷有限公司 | | | |
| **版　　次** | 2023 年 5 月第 1 版 | **印　次** | 2023 年 5 月第 1 次印刷 | |
| **规　　格** | 880mm×1230mm | **开　本** | 1/32 | |
| **印　　张** | 7.5 | **字　数** | 157 千字 | |
| **书　　号** | 978-7-5169-2490-7 | | | |
| **定　　价** | 65.00 元 | | | |

子勋是国内现当代心理咨询与治疗最早的践行者与推动者之一。更难能可贵的是，他不仅术业有专攻，对系统式和后现代家庭治疗有独到的见解和实践经历，且培养了一批早期的家庭治疗师。同时他在普及心理健康知识，尤其是亲子关系和亲子教育等领域也卓有建树，这套书就是见证。

——中国心理卫生协会家庭治疗学组原组长　陈向一

李子勋医生是"中德班"一期最有影响力的家庭治疗学组学员。他对系统思维的热爱和悟性，使他在家庭治疗中国化的进程中勇立潮头、勤于实践，并通过重要媒体让家庭治疗家喻户晓。作为同道中人，我为他这套遗著中的才情骄傲！

——德中心理治疗研究院名誉主席、中国心理卫生协会副理事长　赵旭东

广泛阅读、深入思考、创意实践、执着笔耕是李子勋从业多年的突出特点。在跟子勋一起学习、阅读、咨询、教学和切磋的过程中，我为他严谨的学习态度、广阔的思考维度、灵动的实践手法和宏大的书写叙事方式所折服。他对中国心理学服务社会和民众的进程起到了推动作用，也对我个人的发展起到了榜样的引

领作用、朋友的支持作用。相信他的遗著会继续对心理学行业的发展、从业者的成长产生深远影响。

——中国社会心理学会婚姻与家庭心理学专业委员会副主任委员、德中心理治疗研究院副主席　刘丹

子勋是个奇人，也是一个凡人。他既有长者的睿智，也有孩子的童真。在他身上，清纯与深刻融合，传统与现代汇通。子勋是医生出身，投身心理学，涉猎哲学、教育学、社会学等诸多领域。他以家庭治疗发端，潜心实践于心理治疗技术，后又在后现代领域深耕。读他的书，像与他对谈，温和的话语犹在耳边，清朗的形象跃然纸上；读他的书，就是自我觉察和自我成长的过程。愿读者读子勋的书，做更好的自己、做更好的父母。

——首都医科大学临床心理学系学术委员会主任、教授、博士生导师　杨凤池

子勋的书饱含智慧，平和而睿智温情又直指人心。他是中国心理学界的思想者、心理健康科普的先行者，更是临床实践的探索者。本书系是他留给我们的宝贵财富，可在个人成长、亲密关系、职场、育儿等方面，为我们答疑解惑。

——中国心理学会婚姻家庭心理与咨询专业委员会副主任委员、同济大学附属东方医院临床心理科主任医师　孟馥

这是一位温暖的心理咨询师写出的智慧话语，是我直到今天所看到的最合乎道家思想的心理咨询。没有强求与说教，只有尊重和关怀。子勋虽人已离世，但他的著作还在继续助益着更多的

人。希望读者不要错过这套好书。

——中国社工联合会心理健康工作委员会意象对话学部主任、中国社会心理学会生态与环境心理学专业委员会副主任委员　朱建军

读子勋的书，不免让人想起子勋其人，我的脑中不期而然地跳出这些词汇：哲人、文人、心理学人、生活中的人。他就像是他自己常说的"混沌体"，浑然天成，在世间呈现出独特的"自组织"状态，为无数心灵带来清新和扰动。

——中国社会心理学会婚姻与家庭心理学专业委员会主任委员、北京大学临床心理中心常务副主任　唐登华

很幸运，我们这个时代曾拥有过李子勋老师这样一位对寂寞人心总是能送来慈悲慰藉的心理大师。李老师于我，是亦师亦友的前辈，是我心理咨询师生涯之路的领路人，也是无数人心灵泥淖中的灯塔，他曾点亮过我们，也期冀借由这套书，我们能从中汲取力量与智慧，去点亮更多的人。

——家庭治疗学派知名心理专家　青音

李子勋老师把心理学理论变成人们可以感受到的心态和情绪，既有专业的力量，也有人性的呵护，从而更好地提供心理帮助。李子勋老师的经典书系就像他本人一样温和地滋养你的心田，让你不知不觉就发生了变化。我喜欢这样的方式，它让我积极地看见自己。

——中央电视台《心理访谈》节目主持人　阿果

## 妙不可言

在多难与兴邦之间，无数人才凋零。幸运的是，许多领域在历经浩劫之后仍有种子一般的少数卓越人物幸存，使得该领域在外环境好转之后，得以迅速复原和发展。

在中国心理咨询及相关领域，李子勋就是这样一个人物。

公众熟知李子勋，先是因为中央电视台的节目《心理访谈》。在这个节目里，他将漫长而艰难的心理干预过程凝缩在很短的时间里，展示了非凡的勇气和功力。节目持续数年不间断地播出，至少产生了三个效果：一是让很多人知道，自己如果有了心理上的问题是"求助有门"的；二是不少专业人员通过看这个节目学习心理咨询技术，这虽然不是正规的学习途径，但在那个专业培训机会稀少的年代，总比不学习要好；三是把许多年轻人带入了心理咨询这个行业，扩大了专业队伍。

后来，大家在《心理月刊》杂志上更多地知道了李子勋，这次是通过他的文字。每一期《心理月刊》的封面上都有他的专栏"问问李子勋"的内容标题。翻开杂志的第一页，就是他以回答问题的形式写就的文章，每一篇都十分精彩。中国心理卫生协会精神分析专业委员会主任委员仇剑崟博士读后评论说，李子勋是一位真正的"思想者"（thinker）。作为系统式家庭治疗学派中的一员，李子勋能够得到另外一个学派领军人物如此高的赞美，业内人士都知道这相当不易。

我认识子勋是在 1997 年的中德心理治疗师连续培训项目中。他在系统式家庭治疗学组，我在精神分析组，虽然不常打交道，但仍然能感觉到他在集体中如明星般的存在。这个培训结束之后，我们有过数次或长或短的交流，每一次都令我印象深刻。

2007 年的一天，我在深圳的一个露天餐馆里和朋友聚会，得知子勋当晚要和一位著名作家做访谈。该作家以反叛著称，异常聪明，对人性有深刻洞见，所以我有点担心访谈出现什么不利于咨询师的后果。我发短信问子勋：你对访谈有什么思路吗？过了一会他回复说：没有思路，只是看看他需要我帮什么忙。我看着这句话沉默了好久，心想：这实在是太高明的姿态和太稳妥的思路了，以这样的状态做访谈，将永远处于不败之地。这样想了之后，我又立即在心里把自己鄙视了一下：做个访谈首先考虑的竟然是胜败得失，比子勋差远了。

还有一次在杭州，一群专业人员闲谈。有人问子勋做《心理访谈》节目的感觉如何。他回答说：刚开始的时候有些艰难，遭到一些同行的攻击，但自从奇峰为我们说了一些话之后，压力就小多了。我的确在很多场合中说过，对他们的节目只有四个字的评论——功德无量，但我的支持产生的效果显然被他善意地夸大了。

和子勋打交道，我对他身上展现的阿尼玛特质既嫉妒又防御。嫉妒是因为他竟然可以如此坦然地接纳自己的这一部分，而我一直试图压抑它；防御是因为我害怕自己身上被压抑的阿尼玛特质被子勋唤起，使我要为人格的震荡付出太大的代价。

在本书系里有这样一段话："理解流动的感觉与凝固的字词间存在的不同，理解生活的复杂与分类学的简单之间的不确定性，理解知觉中的现实与认知选择与重建中的现实之间的差异，心理学才算入门了。"说得异常精妙。而且，如此旗帜鲜明地画下专业上的及格线，相当于直接攻击了许多同行，阳刚之气跃然纸上，令人有高山仰止之感。

"妙"字也许代表了让心理治疗产生效果的所有重要因素。它似可言说，又似不可言说。妙最早的写法是"玅"；左边的"玄"是指从显性世界认知隐性世界的临界面，相当于精神分析中所谓的意识和潜意识的边界；右边的"少"的上下两部分都有突破临界面之意。心理治疗的目标就是要使意识向潜意识突破，以扩大意识的范围。主体间性精神分析理论认为，医患心灵的相遇就是疗效产生的机制，对这一时刻的描述，千言万语不如一个"妙"字。也许，以后督导师在督导时必问的一句话是：能不能说说，你和你的来访者之间发生过哪些妙事？

子勋的文章，除了妙语频出，还经常会有一些新的词汇，让人有春风扑面、神清气爽的感觉。比较而言，包括我自己在内的一些同行，学问做得稍有些僵化、腐朽之气。写到这里，我非常希望有一个能够跨越阴阳两界的网络工具，发信息告诉子勋很多人在想念他。

我猜他不会回复。因为他该说的已经在这套书里说了，或者他已经到了"此心光明、亦复何言"的境界，又或者他在那年离开我们的时候，就知道自己在某种意义上已经不朽。

曾奇峰

2023 年 3 月 21 日于武汉东湖

## 吸收养分，为自己而活

李子勋老师离开我们快五年了。我还会常常想起他和煦的微笑。想到他在创造力最丰饶的年纪与世长辞，作为后学者感到深深痛惜。借着给这套作品写序的机会，我得以重新感受到他的生命力，这让我获得了一点安慰。

十多年前，李子勋老师是中国大众心目中最负盛名的心理学家，恐怕没有之一。这得益于《心理访谈》节目的热播。这档电视节目第一次把心理咨询普及到了千家万户，让很多人领略到它的价值：春风化雨般的对话，四两拨千斤地承接情绪，犀利而不失尊重的探问，睿智的比喻，给出意料之外的回答。在那个年代，因为李子勋老师出色的工作，大众对心理学有了初步的信任。

除了咨询工作以外，李子勋老师也笔耕不辍，用文字的形式抚慰当代人的内心。他写的文章就像他做咨询一样，没有专家的架子，用老百姓喜闻乐见的语言，设身处地理解对方的烦恼，给出恰到好处的回应。

现在看李子勋老师的作品，我仍然觉得他的理念是超前的。哪怕是看似随手写就的小品文，那些感触和机锋都包含了前沿的身心健康理念。李子勋老师受过严格的系统式家庭治疗训练，对复杂系统的敬畏、自组织过程的洞察及后现代哲学的灵活运用都深入骨髓。他的很多文章对专业工作者来说都有学习的价值，相信普通读者亦能感受到其中蕴含的朴素的智慧和哲理。能够把系统式家庭治疗的观念用如此"雅俗共赏"的方式讲出来，这是多年临床功力的体现。

在李子勋老师的文章中，体现了这样几个突出的理念：

第一个是通过后现代的解构，消解了传统心理学诊断对"心理疾病"权威、僵化的定义，转而致力于拓展个体的生命经验。他在文章中把生病说成是一种生命状态，把疾病看作另一种形态的健康。他说，如果把疾病和健康对立起来，身体一有风吹草动我们就会害怕；而如果相信疾病是健康的一种状态，我们甚至会乐于保留一些小病，来获得更有效率的生活。你听，这语言多么洒脱——乐于保留一些小病。像李子勋老师这样科班出身的医生，能拥有如此灵活的健康观，是难以想象的思想探险。在他的笔下，生命充满了各种各样的色彩，没有任何一种体验是碰不得的禁忌：双相情感障碍叫作"双向情绪色彩"，是两种生命体验的周期性更迭；强迫症来自"很强的无中生有的创造力"，有症状者"善于抓住一闪而过的念头"，是内心的哲学家；抑郁是一位替我们表达深层愤怒的朋友，它有破坏性，同时也在保护我们的利益，我们要学会接受它的保护。

第二个常用的理念叫作自组织。这个名词来自复杂科学，是指用系统视角看待宇宙万物，大到星辰运行，小到细胞分裂，系统无时无刻不处于自发的变化中，又以变化的形式维持着某种"稳定"。系统的变与不变都遵循它自身的智慧，而不以人的意志为转移。理解了这一点，我们就知道，在生命体验中，有很多事情不需要刻意为之。李子勋老师对心理治疗和家庭教养都抱有这种无为而无不为的理念。他认为，人的成长就是与宇宙万物调谐的过程。患者也好，儿童也罢，需要的不是被某一套特定的规则"驯化"，而是找到一种更具有适应力的、顺应自然规律的生活状态。就像很多疾病不用刻意吃药，只要吃好睡好，心情愉悦，一段时间之后就会痊愈。身体会以自组织的方式照顾自己。伤口在愈合，小孩会长大，原有的矛盾会被消化，新的问题又在不断产生。人可以融入世间万物的变化中。这种智慧常常比自以为是的"人为干预"更为高明。

作为心理学家，李子勋老师不只从个体视角理解心理，还关注历史、社会和文化建构。这种"大系统观"的理念也相当超前。他认为，人们的很多问题只是被"外界"定义成了问题，心理学家的任务与其说是"解决"这些问题，不如说是帮助每一个人接纳自身的生命体验，再让他看到它如何与外界框架发生冲突，探索一种让自己感觉舒适、安全，有助于发挥自身潜能的文化建构。他在身体力行地通过写作为当代人提供更丰富的文化选择。在《安全感源于我们选定的文化》一文中，他写过一段话，用以描述人们获得自我和谐的文化观念之后的体验："什么人都敢爱，什么事都愿意做，什么地方都想去走走，品尝着生命自由的感觉。"我觉得，这段话正是李子勋老师真实生命状态的写照。

在 21 世纪最初的十几年里，心理学在国内还是一种舶来品。随着我们在经济和文化上与世界不断接轨，中国人开始对这门用西式的科学框架阐释内心经验的学科怀有普遍的好奇。好奇带来了敬畏，敬畏又催生了误解。"心理咨询师"成了人生导师。很多人不再信任内在的体验，更愿意把诊断分析式的名词套用在自己和他人身上，从而限制了体验的广度，甚至带来了麻烦。有些心理疾病恰恰是被过于教条的理论"创造"出来的。值得庆幸的是，时代最终选择了李子勋老师这样的实践家。他用游戏人间的语言，给专业工作者和大众松绑，鼓励他们回归自身的体验，活出自在的样子。

本书系中的每篇文章都是极好的例子，显现出如何将一门学问纳入更饱满的生命状态，而不是画地为牢、为其所限。文章信手拈来各种奇闻轶事、诗歌、戏剧，就像天上的云，桥下的水，尽可为我所用。

读完这些文章不禁感慨，我忍不住把今天和十几年前相比。今天的社会变得更成熟，也更高效，新技术和知识层出不穷。就心态而言却好像比十几年前更紧张了一些。今天专业划分越来越细密，心理学也有了一种更森严的气象。诊断式的语言正在普及，人们提及创伤、原生家庭、抑郁症，常常会谈虎色变。很多人在提到婚姻和家庭时，首先感到的是恐惧。伴侣之间该如何相爱、如何沟通、遇到矛盾该怎样对话，都需要模板和框架。年轻的父母比十几年前更渴望获得科学的育儿指导，生怕孩子从起跑线上就落后于人。整体而言，今天的人似乎更不愿意相信自己的本能：不需要那么多知识，就能自然而然地把生活过好。

这种时候，重温李子勋老师的文章，还是可以获得很多慰藉。斯人已逝，但他留下来的声音仍在提醒我们：不要迷信任何人，对一切经验保持开放和自由；接纳生命的不确定性；欣赏你自己，欣赏每一个个体的独特性。很幸运，在心理学刚进入中国的年代，这一代人曾受到李子勋老师的关照，带着一份自信且自如的心态迎接这门学科，从中吸收的每一点养分都用来为自己而活。

谢谢李子勋老师。

李松蔚

2023 年 3 月

# 唤醒孩子生命的智慧与力量

李子勋老师的四本家庭教育著作再版，我有幸被邀请为之写推荐序。

收到编辑邀约的时候，我是惶恐的。学习心理学初期，李子勋老师参与的《心理访谈》节目的视频常常在课堂上被当作咨询的教学案例解读。那时候的我像小迷妹一样把李子勋老师当作偶像来崇拜，常常为他对来访者的提问所折服，每每有醍醐灌顶的感觉。在我眼里，李子勋老师是男神一样的存在，我觉得自己的修为根本配不上为自己如此景仰的前辈的著作写推荐序。

真正决定要写这篇推荐序是我细细阅读收到的新书稿的时候。

这些年，我将萨提亚模式引入对个人和家庭的治疗，效果很好。我知道萨提亚模式和李子勋老师研究的后现代心理学有很多共通之处。这一次读李子勋老师的书，强烈的共鸣和感动令我几度热泪盈眶，深感我有责任把这么好的书籍推荐给更多的家长和教育工作者。李子勋老师的教育思想是深入浅出的，读者从书中可以学习育儿方法，也可以领略老师关于人和生命的哲学思想。

自然教育，这是李子勋老师教育思想中非常重要的一部分。

我想先来说一说这个部分。

李子勋老师的自然教育一方面谈的是孩子的自然属性，就是把孩子当作自然不可分割的一部分，"如是"地看待孩子。就像植物一样，每个植物都有其独特性，甚至同一株植物上的每一朵花都是不同的。李子勋老师告诉我们要尊重孩子的独特性，不主张给孩子贴标签。他认为孤独症、阿斯伯格综合征、躁郁症等都是医学对一个孩子的定义，其实他们只是他们，与其他孩子是不同的，而不是不好的。如果我们可以这样看待孩子，当我们的孩子与其他孩子的表现不同时，就不会焦虑，而是可以尊重孩子的特点，"协助他成为他自己，以完成他生命的使命"。

李子勋老师自然教育的另外一方面谈论的是自然对孩子成长的影响。孩子认知世界首先是从感官体验开始的，他们会把看到、听到、闻到、摸到的东西在自己的头脑里建构成属于自己的概念，这是真正的知识。大自然蕴含的信息非常细腻和丰富，把孩子带到大自然中接受感官的刺激，对发展生命的智慧、灵动与创造力都非常重要。读到李子勋老师《早教的秘密》中这部分内容的时候，我回想起自己小时候在农村长大以及在陪伴女儿成长过程中经常带她到大自然中去的经历，一股暖流从丹田升起，眼泪禁不住涌出眼眶。我知道，在这方面我和李子勋老师产生了深刻的联结。

李子勋老师自然教育还有一个方面是告诉我们在教育中要引导孩子遵循大自然的法则，如相互依存、只取所需、节能等。我们总讲"命运共同体"，李子勋老师倡导的正是在宇宙命运共同体面前，我们的教育所起的作用。这是一个宏大的概念，更是大爱。如果通过教育，我们的下一代可以遵循这些法则，就不仅仅是教育好一个孩子的问题，而是为全人类作出贡献。

在李子勋老师的书里，处处可见他的系统教育观。

上面谈到的李子勋老师的自然教育，其实就是在讲人的成长离不开大自然的系统观念。

在人文层面，孩子的成长又离不开家庭和社会系统的影响，尤其是离不开家庭系统的影响。在李子勋老师的书里，他总会把孩子的问题放在家庭文化和关系的背景下来讨论。很多家长会把关注的焦点放在孩子的行为上，实际上孩子往往会成为家庭问题的"替罪羊"。有的孩子会用自己的偏差行为来拯救父母的婚姻，有的孩子则可能用"抑郁"等症状来对抗来自家庭或学校的压力。

李子勋老师在书里写道："家庭的许多'问题'都是互相依存的。这些'问题'是经过无数次成员间的互动、重复、叠加、强化才得以形成的。在这种循环互动中，问题产生的因果关系已经非常不明显。"因此，表面的问题不是问题，只有透过表象看到内在系统的需要和外在系统的动力影响，才可以更好地应对孩子的问题。

李子勋老师也从时间维度把系统性带入家庭教育的思考中。在不同的时代，经济、文化和科技发展的水平不同，这就意味着人的成长环境会有很大的不同，家长也需要跟随时代的变迁用适合当下环境的方式来养育孩子。

从一个人的生命历程来看，孩子在不同的年龄段会有不同的表现，父母需要根据各个年龄段孩子的不同需要给予适合的陪伴。换句话说，家长需要活在当下。这似乎在李子勋老师的每一本书里都有体现。

李子勋老师提出的未来教育趋向又何尝不是系统教育呢？只是他的时间系统，去到了未来。他在《家庭陪伴》的自序中强调："教育不是家长、老师把自己时代的经验灌输给孩子，而是要保持未知的心态，跟随孩子进入未来的世界。"

家长来自过去，而孩子就在当下。如果家长放下自己既有的经验，对孩子抱有好奇心，这是对生命的敬畏，也是尊重生命的一种表现。

我也特别喜欢李子勋老师的正向教育观。

在李子勋老师的书里，很难看到对家长做法的指摘。读他的书，你会觉得似乎一切都属正常，没有什么问题。在书里一些答疑的案例中，就算家长提出的问题中说孩子出现了一些状况，他也会对其做正向引导，不会让家长内疚和自责。因此，读了李子勋老师的书，家长不会再那么焦虑，而会变得放松和释然。

在《读懂孩子》一书中，李子勋老师在回答一个厌食症孩子家长的提问时这样讲："女儿的问题是她生命发展中的一种状态，她必定要经历并走出这样的困境才能赢得明天的光彩。"

从这样的视角看待问题，你会觉得经历痛苦就好比天气也有风霜雨雪，都会过去，从而对未来充满希望。我想这也正是李子勋老师在世时那么受大家喜爱的重要原因之一吧！

也是在《读懂孩子》中，李子勋老师有一篇文章是《给孩子三个美好的假定》，这三个美好的假定分别是：我们这个世界是美好的、人与人之间是友爱互助的、自己是可爱的。如果在父母的心里有这些假定，并且把它们变成人生信条传递给孩子，这就是在帮助孩子建立积极的信念！一个孩子从小就建立了"我是可爱的"这样的信念，他就会珍视自己，而不会因为他人对自己的评判而贬低自己。我们的孩子需要这样的信念，因为这是来自生命力层面的自我认可，是高自尊的基础。

因为李子勋老师有几十年的临床经验，在他的书里有很多针对具体问题的解决方法，你可以拿来就用。

在李子勋老师的书里，俯拾皆是宝藏，关键是你要用心去捡拾。

读罢李子勋老师的文字，忍不住扼腕。如此智慧的李子勋老师英年早逝，实在太过遗憾。幸好他用文字给我们留下了这些宝贵的精神财富，继续给我们以滋养！

"死而不亡者寿"，李子勋老师，斯人永在。

刘称莲

2023 年 3 月

# 孩子是源于自然的精灵

　　人类原本对世界有一种质朴的认识，是以自然本真的方式去接受自然。在儿童未曾被语言羁绊以前，自然在儿童的眼中是以自在的方式呈现的，这是远比成年人看世界更加美妙、自然且丰富多彩的。生命源于自然，所以一切自然蕴涵的信息对生命都是滋养。自然是不需要儿童努力去适应的，因为它和孩子是一个整体。需要孩子适应的是人类科学与文明建立的社会与环境，尤其是城市生活与人际环境。每位家长都要认清这个事实，我们教导孩子全部的努力都旨在把孩子推向人类社会。如果人类的发展也是自然的属性与自然的安排使然，情爱、语言、艺术、家庭、城市化……生命以一种唯美的方式表达着它的高级形式。但要算上战争、杀戮、砍伐森林、灭绝动物、化学污染等，我们是否有勇气说自己依然属于自然呢？如果人类社会早已背离了自然的安排，那么父母努力教导孩子学习话语、交际、竞争、科技，正是逐步地让孩子远离自然。客观来说，这样的努力的确为孩子在未来的社会发展带来诸多的先机和好处，但如果引导得过早、太快，有时也会让孩子冒很大的风险，最大的风险就是使他与自然隔离，身心失去自然气息的滋养，变成一个生理和心理都不健康的人。如果生命不是外星来客，人类的孩子出生以后，一定带有一种自然的知觉与感受在触摸自然，父母让孩子在成长中多少保留一些儿童的心态和知觉，也许是人类尝试回归自然的一种努力。

社会现实对人类有一种异化的功能，看看机器人就知道科技发展的结果，如果不重新臣服大自然，人类会越来越生活在一种自己制造的限制里，很多科学幻想作品揭示人类未来悲惨的境遇，没有鲜花、绿树、青草，没有动物与美妙的风景，人类蜗居在科技建立的机械城堡里与自然完全隔离。开玩笑地说，应当让艺术家来领导人类，因为艺术家正是坚持自然视觉与美感的人。我们真的要让科技发展得缓慢一些，甚至知识够用了就应该把科学家"冷冻"起来，或者把一些科学的疯狂者放逐到美丽的海岛上，让他们赤身裸体地回归大自然，重新学习与自然和谐相处。每一个儿童都可能被教育成为未来的科技"疯子"，也可以被父母塑造成与自然和谐、懂得享受生命幸福的人。

本书存在一种未来和自然取向的观念，希望弥补主体教育中父母在养育孩子时那些容易被忽视，或者误导的方面。本书不会强调那些被很多学者早已说得很滥的育儿知识，因为任何信息，即便非常正确，被多次重复对人的认知也是有害处的。需要记住的是，本书未提及的东西并不代表我认为不好或者无效，哪怕我对一种说法充满批评，对它说"不"也不是否定，而是旨在补充，让它回到一种对人无害的状态。并存的学习方式是我希望大家采用的，世界与生命太过复杂，没有什么说法可以替代其他的理解。读本书时一定要警惕头脑中"非此即彼"的逻辑，因为世界并非二分，不要否定原有的教育孩子的任何观念，只是把一些新想法融入其中就可以了。

　　我在很多大中城市的"市民大讲堂"做过亲子教育的讲座，常常看到几千位父母充满渴望来听课，我很感动，在此感谢大家对我的关注。愿所有的读者和家长与我一起去探索一种更温和的、更贴近自然的育儿方式，让我们共同去感恩并奉献我们对自然与生命的崇敬与赞美！谢谢朋友们！

**孩子就是孩子**

## 孩子是家庭中的孩子

学习在每一个当下去感受而非理解孩子，用感觉去互动，以接纳去分享，而不用价值观去选择并推销自己的生活哲理与忠告。

孩子
就是孩子

# 让孩子像孩子那样长大

让孩子像孩子那样长大，家长要接受下面的几个观点：首先人能不能客观地感知外部世界这个问题至今也没有结论；人能否客观地知道自己、知道孩子，这也是一个相似的问题。家长到底怎么做对孩子成长有帮助，虽然主流的儿童教育书籍会给我们一些指导，但自己的孩子是否适合这样的引导却又是不确定的了。哲学的终极问题正是："我是谁？"人类终其一生的努力全在了解自己是谁，所以连自己是谁都不甚了解，怎么就可以知道别人是谁？要接受孩子像孩子那样长大，我们就不得不相信孩子比我们更知道他自己。每个孩子都是个别，我们每个人也是个别，我们生活在过去的经历、经验和社会意识中，我们从孩子身上更多是看到自己，看到自己曾体验过的情绪与行为。

人类是大自然的产物，每个孩子从母体中新生也必然携带了全部自然的信息。在未被人类文化、语言、价值体系影响以前，孩子是以自然的知觉在感知外部世界。很多知觉的模型早就蕴含在生命体系中，孩子是在大自然信息引导下从生命内部唤起生命的智慧。家长要相信自然蕴含的智慧远胜于人类科学表达的智慧，所以让孩子亲近自然，接受自然的滋养正是提升孩子心智能力的最佳途径。不管理性的知识和社会适应性能力多重要，但由于社会现实中人类文化比比皆是，家长要有一种补偿意识，尽可能让孩子在一种更自在的方式中成长，尽可能地给予孩子更饱满的自然信息。

我们的孩子将以成年的方式生活在 20 年后，那是属于他们的时代。家长需要思考的是把孩子引向过去，还是把教育导向未来？未来取向的教育必须在未知中去寻找，因为孩子一定比我们更适应未来，你不能比孩子更贴近它。我们习惯在已知中去寻找看问题的方式和问题的答案，现在我们要学习在未知中去探索与解决问题，放弃头脑中一些既定的知识和概念，才能沉浸在孩子的世界里和他分享成长的快乐。学习在每一个当下去感受而非理解孩子，用感觉去互动，以接纳去分享，而不用价值观去选择并推销自己的生活哲理与忠告。

孩子的福祉在于整个社会的人性进步。不管多么起劲地去教育和引导孩子，真正让孩子能够得到幸福保证的是社会。家庭的文化、习惯、情感的传承可以部分决定孩子对生活的感受，但不能替代社会对孩子生活、行为、人际关系的决定。为了孩子，我们从现在开始要开始承担社会的责任，让孩子在一种对人的关怀、尊重与感激的人文环境中长大。我们现在如何创建这个世界，我们的孩子未来就会在什么样的起点开始创造他们的世界，这是所有家长们要为孩子们做的最重要的事。

第 1 章

聪明的父母如何
与孩子交流？

理性是人类文化内化所致，幼稚才是人类在自然中真实的状态。像牛顿、爱因斯坦、霍金等大科学家，他们的成就不是因为书读得多，而是因为他们保持着敏感的知觉能力和对事物盎然的兴趣。

我女儿今年才1岁，就迷上了《天线宝宝》，老吵着要看天线宝宝的视频。听说在制作天线宝宝的时候，编剧、导演等就是根据孩子的心理特点制作的。我也看了，感觉没有什么特别的。谁可以告诉我，为什么这么小的孩子会喜欢看那么简单的天线宝宝呢?

人们喜欢以一个成人的眼光去猜度孩子，这与人们喜欢用自己的经验去猜度别人的言行举止是一样的心理。因为我们只有先理解自己，才能通过交流去理解别人。在人与人的关系层面，对别人的想象或认识是从自我的经历、体验、思维方式、审美、价值系统等内心积累中去提取的。为什么科幻片中外星人的形象可以千变万化，原因正好是人类经验中没有，构图的想象除眼睛外一切都可以天马行空。

1岁的孩子当然会喜欢天线宝宝而不是林黛玉，原因是天线宝宝的形象是孩子气的，语言是孩子气的，行为是孩子气的，故事情节也是孩子气的。人类或动物的审美遵循一种相似性法则——喜欢像自己的人，也因为这样的法则猩猩喜欢猩猩，生命的体系才不至于混乱。孩子喜欢自己能够理解的东西，知道这一点，聪明的父母会用孩子理解的幼稚化的声音和表情去与孩子交流，这样的交流会促进孩子的心智发展。而另一些父母恰巧相反，他们用成人的语言和姿态面对孩子，过多引导孩子关注语言，包括背诗、识字、说话，甚至逼迫孩子快速发展语言来迎合亲子交流。如果父母真的这样做，孩子小的时候看起来似乎会比别的孩子"聪明"一些，但长远地观察会发现这孩子的智力多半不如别人。知识阶层不高的父母喜欢幼小孩子呈现出智力的聪明，会无意识地鼓励孩子成人化，这是一种内心的补偿机制所致；高知识阶层的父母往往更愿意接受孩子按照自然的方式缓慢成长，但结果是后者的孩子要比前者的孩子聪明。

你一定会问为什么会这样呢？原因是 2 岁以前的孩子，智力是以直觉体验为中心来发展对世界的认知模型的。没有线性逻辑，没有准确的判断和推理，没有理性的思考，语言也不是孩子智力渴求的对象。这个时候，对自然万物的知觉能力是孩子心智发展的中心。研究天才人群你会发现，这一群人早期语言能力都不太好。正因为没有语言的限制，他们在面对世界时感觉系统高度敏锐。真正的智力是人类对存在的知觉能力，不是学到的科学与知识。人的知觉是一种思维、分析、学习、模仿、创新的综合能力。因此，在孩子小的时候，父母鼓励他们对自然的兴趣，愿意自己去探索新鲜事物是很重要的。

理性是人类文化内化所致，幼稚才是人类在自然中真实的状态。像牛顿、爱因斯坦、霍金等大科学家，他们的成就不是因为书读得多，而是他们保持着敏感的知觉能力和对事物盎然的兴趣。当我们过早给孩子成人化的语言、行为、故事和电视节目的时候，这些能力就被磨损殆尽了。要让孩子智力超群，让 2 岁以下的孩子心智处在一种直觉的、丰富的、没有归类、没有定义的幼稚世界里是重要的方法之一。

# 孩子的世界是美好的

我们要鼓励孩子做三个假定。

## 假定1：这个世界是美好的

其实很多父母会无意识地影响孩子对这个世界的看法，包括我们对现实的愤怒，对一些不公平现象的语言。如果我们身处不太好的情境里，我们往往会忘记是不是要保护孩子，要给他对美好空间的一种感受。

奥斯卡获奖影片《美丽人生》讲述了一个爸爸身处纳粹集中营，却不让孩子感受到集中营的苦难的故事，类似的故事还有好多。我们应该让孩子拥有美好心灵，因为这个社会需要这样的人。当然也许有人会说，很多很糟糕的人也会成功，但这毕竟是受到不完善的社会条件的影响，而社会总是在一步步完善。所以，首先要假定我们所处的这个世界，哪怕有战争，哪怕还有很多贫穷的地方，但仍然是美好的。因为只有假定这个世界是美好的，对自我的存在、对孩子的成长才有意义。

为什么学校的教育是美好的教育呢？其实这是有道理的。因为孩子的心灵在早年的时候没有鉴别能力，他的心理发展如果在美好的教育下进行，要比受到残酷的教育好得多。一些小朋友失学后在街头流浪长大，他们的暴力倾向和犯罪率是非常高的。若是他们也能在学校里得到美好的教育，情况一定会大有不同。相信世界非常美好，这对孩子是有好处的。

当然在一定的时间，如在青春期之后，我们要告诉孩子们现实社会残酷的一面。但在孩子小时候，爸爸妈妈还是要让孩子感觉到这个世界是可爱的、值得珍惜的，由人类、动物、树木、花草构成的庞大的现实世界是美好的。若是觉得这个世界太残酷、太黑暗，不值得去珍惜，孩子长大后往往会无意识地破坏它。例如把路灯打坏，认为这个东西跟自己没关系，打坏还挺好玩的。但是如果在他小时候就告诉他这个世界是美好的，需要大家珍惜，连树上的一片叶子都不可以摘，相信这种教育的结果会与前者大相径庭。

很多人去过国外，尤其是北欧、加拿大还有日本，这些国家的环保意识非常强。这种教育是谁给他的？是父母，而不是社会。一些国家没有法律规定把野生动物捉回家吃了要判刑，当然美国有些州会规定，但还有很多州没有。是父母的言传身教让孩子意识到这个世界是需要珍惜的，不管哪个国家，都是全人类的。

### 假定2：人和人之间都是友爱、互助的，使孩子拥有美丽的心灵

虽然人和人之间有一些隔阂和防御，但这不是本质。设想一下，当我们到另一个国度去，外国友人见到我们会很热情。就像一部电影中讲述的那样，一位红军女战士拘押了一个敌军的俘虏，他们流落荒岛后却相爱了；他们可以超越敌对的价值观念，说明人和人本质上是相通的。

为什么这样来教育孩子呢？因为这样易于孩子适应社会生

活。如果教育孩子不要相信任何人，那就会说不认识的人给你东西不要，邻居叫你去他家也不要去。当然某种程度上的安全教育是必要的，但也要从基本的观念上去教育孩子，人都是善良的。这个假设对人是有好处的，这就像你要假定你的孩子是一个好孩子一样。你必须做出这个假设，因为一旦你做了这个假设，你就有力量，跟孩子相处就有信心。

假如你做的不是这个假定，那你的一切行为都会因此受到影响。就像一个孩子长大了，假定人都是很邪恶、自私的，你想想这样的孩子如何能处理好人际关系。他从小就用一种防御、敌意的眼光和人交往。因此，小时候要告诉孩子人都是互相友爱的，你困难的时候别人会帮助你，你也要帮助别人，要回馈，要学会主动关心别人。就像心理学中说的，要鼓励孩子小时候和人产生共情。例如，宝贝从幼儿园回来，告诉妈妈今天佳佳哭了。妈妈问他："你看见佳佳哭了之后你有什么感受呢？"他说："我挺难受的。"妈妈会告诉宝贝，人和人的心灵都是相通的。

## 假定3：孩子自己是可爱的

哪怕用所谓主流的文化看孩子，他表现得并不出色，如学习不好、个头不高、长得不漂亮。但这都不重要，重要的是你从小就要让孩子感觉到他是可爱的。你要给他这个假定，要让他活在这个假定之中，肯定自己是重要的、可爱的、讨人喜欢的。因为当一个孩子假定自己是可爱的，他与他人交往的结果就完全不一样，而且他在这个结果里获得的东西也不一样。

比如他觉得自己是可爱的，今天他去见老师，老师批评他，而且冤枉了他，他不会认为老师是故意伤害他，只会认为老师可能是误解了他，或者是老师今天情绪不好。但是如果这个孩子认为自己是很糟糕的，或者爸爸妈妈总是呵斥他，觉得他有很多毛病的话，哪怕是同学跟他生气，他也会认为这个同学是专门针对他，是故意刁难他，对他充满敌意。

孩子到了十四五岁慢慢走向社会时，父母要告诉他安全准则。安全准则和美好信念的教育可以在两个层面上执行。当女孩子到了 15 岁，你要告诉她，她身体的某些部分属于她自己，任何人要碰触都必须得到她的允许。这些教育和我们说的假定教育是两个层面的，两者必须配合起来。

但如果我假定人是善的，却被人骗了，那是不是我的观念有问题？不，不是这样的。即便你假定人是自私的，也仍然可能被骗，而且你会把不是受骗的事看成受骗，你会失去很多正面的感受。你如果有三个糟糕的假定，比如认为这个世界是糟糕的，是不值得珍惜的，是残酷的；人是自私的，是有暴力的，是有攻击性的；自己是不重要的、没价值的；你想想看，尽管你没被人骗，也没有吃过什么亏，但是你生活在这三个假定下，你永远无法快乐，得不到幸福。如果你做了三个美好的假定，也许你在 20 岁的时候被一个人骗了，或者一个好朋友离开你，或者你失恋了，但你并没有失去什么，因为你内心一直生活在快乐里，生活在自我肯定中。而且有第三个假定的支持，你很快会重新从挫折中走出来，因为你知道这个世界是美好的。

假如我们用一种问题视角去看世界，会把世界看得很糟糕；若用美好的眼光去看这个世界，就会很开阔。

# 第 2 章

## 要不要给 4 岁孩子
## 报兴趣班？

单纯地认为上兴趣班是给孩子施压是不客观的，如果家长不是用功利之心去对待这件事，而是以平和的心态，那么上兴趣班本身会让孩子得到增长知识与修养、学会与人沟通、开发潜能的好处。

我女儿今年 4 岁，上幼儿园中班，看着周围的家长都纷纷为孩子报钢琴、美术、音乐等兴趣班，一向不愿意给孩子施压的我有点举棋不定。毕竟女孩子多一些艺术修养还是必要的。但我又不想让她小小年纪就开始背上太重的学习压力。到底要不要报兴趣班呢？

　　单纯地认为上兴趣班是给孩子施压是不客观的，如果家长不是用功利之心去对待这样的事，而是以平和的心态，希望为孩子增加一些乐趣，长一些见识，那么去这些地方本身会让孩子们得到增长知识与修养、学会与人沟通、开发潜能的好处。可惜很多家长总是把一个原本很简单的事情搞得很复杂，他们观察孩子在兴趣班上的表现，不是看孩子快不快乐，而是拿自己孩子和其他孩子比来比去；逼迫孩子去上这些课不是为了孩子高兴，而是为了家长放心。

　　很多家长常常会夸大孩子的能力，以为自己家有一个天才，不成才则是因为孩子不努力。媒体曾报道有个女孩为了拒绝弹钢琴，不惜用刀切伤手指。那个女孩对钢琴深恶痛绝，但其家长还执意坚持让她继续练琴，甚至不惜责骂和殴打。我有个来访者曾带了一个 14 岁的男孩来咨询。男孩在 7 岁时，突发奇想要练钢琴，立志长大成为钢琴家。男孩的父母都是普通工人，没有多少乐理知识和金钱资本，但以为天下无难事，只要有心人。欣喜之后，到处借贷为孩子买了一架钢琴，并不惜高价请老师来启蒙。孩子也写下豪言壮语，决心勤学苦练。没曾想一年后父母买琴的债还没还清，孩子就对钢琴彻底失去了兴趣。从此家无宁日，孩子整天背负着父母的责难、否认，慢慢变得越来越逆反，成为问题孩子。好心办坏事是很多父母在养育孩子时的通病。

我个人主张有条件的家庭在孩子小的时候，应该帮助孩子接受各种知识信息的刺激，尤其是艺术方面，如音乐、舞蹈、绘画、戏剧的启蒙，发展孩子对自然形体、色彩、质感的感知。不管孩子是否是天才，在恰当的年龄提供足够的信息最终会让孩子的心灵受益。没有条件的家庭也应该充分利用社会免费资源帮孩子补这样的课。西方社会整体人群的文化素质和艺术修养比较好，正是因为从小让孩子浸染在艺术的氛围里。混沌理论认为，在合适的年龄给予孩子足够的信息刺激，如果孩子具有某类天赋，那么他会打下基础。当孩子成长到某个年龄时段，这样的优势会被凸现起来。初始条件（接受信息与环境）不同，孩子今后的社会竞争力差别很大。具体的做法是，只要孩子有某种兴趣，就去鼓励他，欣赏他。当他兴趣转移的时候，说明这种刺激已经完成，跟随孩子去体验新的兴趣，并与之共情。这样做，上兴趣班就不再是孩子的压力，并且有一天，你和孩子都会感到这些培训是非常必要的。

# 尊重孩子的脑发育

现在人们对儿童智力发展有三大误区。

## 误区1：认为左脑的重要性大于右脑

其实分布在左脑的重要功能有两个，一个是语言功能，一个是抽象逻辑思维功能。这两个功能对我们在如此依赖言语、文字交流的社会中生存，以及学习理性科学知识来说的确非常重要。不过，要让这个能力真正被有效使用，就得依靠右脑的综合分析、整合以及与环境协调的能力。左脑能读懂和理解每个文字，却不能明白文字与言语之间的关联，理解一篇文章或一段言语要右脑功能参与才行。而抽象逻辑思维能力像一个砌墙砖的工人，如果没有右脑为他设计出房子的结构，那他只会砌墙，却得不到房子。

举个例子：语言就像钱币，在没有钱币前，我们拿50斤谷子去市场上交换，要思考特别多——50斤谷子能换来什么，哪个是我急需的，哪些更划算，整个脑子都不会闲着。如果有了钱币，我们只要关心能卖一个好价钱就可以了，需要大脑冥思苦想的内容并不多。孩子需要动用全部的神经细胞来工作。大脑有三四亿个神经细胞，儿童出生以后，这些神经细胞都在等待任务，等待更多的信息刺激。把孩子放在不同条件的环境下，就会让不同的细胞兴奋。10~15 个细胞会形成一种信息反射丛，稳定地处理一个信息，并终身只服务于同一个信息。语言的进入会把一种形象的思维变成抽象概念思维，动用的脑细胞会大大减少，脑力的水平也相应下降。其实人类的思维从来都是图像的、意识流的、意象的，不是言语的，只是我们想理解我们的思维时，言语才起到作用。把那些可言语的部分用言语表达，慢慢就把不可言语的内容丢掉了。所以，能说出来的思维并不是人本体的思维。

**误区 2：认为智力越早开发越好**

如果这句话是指右脑的开发，那就没有什么错误，问题是市面上大部分早教的产品都是针对左脑开发的，或者是在人文与社会范畴去思考让幼儿更快地适应环境。这些教育可以增强孩子的社会适应力，却不一定能增进智慧。众所周知，大自然蕴含的信息是丰富多彩的，是专门为所有的生命系统准备好的。人类不管怎么做都不如带孩子回到自然的怀抱中。中国有个成语叫揠苗助长，过早的教育可能欲速则不达。生命系统总是从最古老的状态开始循序渐进地发展，看看胎儿在子宫里演绎了 4 亿年生命的进化过程你就知道，大脑的神经丛、脊髓、延髓慢慢长成，之后是右脑的丰满，最后才是左脑与皮层发展。神经解剖学告诉我们大脑皮层只有一个 5 分硬币的厚度，薄薄的一层，能在生命和生活中起的作用不会很大。

现在大量的儿童智力发展机构在研究，我们怎样在儿童的初始期，也就是 2 岁以前，在他未形成人类文化分类和抽象思维时，给予孩子更多的右脑刺激和知识模型的刺激。全球有很多国家在发出这样的声音：不要过早刺激左脑。我们的研究发现，人要承受未来的复杂性科学。人类现在的科学是一个静态科学，或者是初始动态的科学，它并不能真正影响这个世界。我们总是抽象出一个东西来，把它当成科学，但是现实中它又不存在。我们相信未来的科学发展一定是一种复杂性、非线性结构、非因果关系的，这种科学是动态科学。什么是动态和静态？从深圳到广州，我们的科学会告诉我们，开多少时速就可以在什么时候到达广州，这是科学，是理性结构得出的结论。它说你可以 2 小时 15 分到达广州，但事实上没有人能做到。科学是抽象出来的一个静态，不管什么科学都需要在实践中校正和改正，尤其是关于儿童方面的。儿童的学习大部分来自内部，由他的视觉、知觉模型生成，不是靠文字阐述的线性逻辑，但线性逻辑对儿童形成知觉模型是有影响的。知觉模型不是抽象的，是以真实的方式发展儿童的知觉，就像儿童看妈妈的脸是不需要判断和逻辑推理的，凭感觉就可以了。知觉模型的内容比较深，这都是科学研究的结论。

**误区 3：认为只要有正确的教育方法，孩子就会变得聪明**

其实并不是所有的孩子都适应同一种教育方式。中国的教育问题很大一部分就在于因为假定孩子都是一样的，没有采用因材施教的补偿系统，很多孩子学习不好不是不聪明，而是难以适应所处的教育环境与施教方式。每个家庭都隐含着很多信息系统，一种好的智力引导方式应当在自己的家庭中去寻找，并结合一些孩子喜欢且易于接受的其他方式。

那么如何引导孩子智力发展呢？家长最好仔细读读下面的文章——儿童智力发展的一般规律。

# 儿童智力发展的一般规律

　　0~2 岁是孩子的初始阶段。孩子在初始状态中，内心世界没有完整的认知模型，没有客观判断的能力，爸爸妈妈给他什么就是什么。从我们对儿童的研究发展来看，儿童首先发展的是触觉，在胚胎里就开始发展，然后是嗅觉、视觉和听觉。为什么儿童要触摸？因为他的触觉发展是最快的，和孩子触摸也是交流。我们不要以为和孩子讲话就是交流，对 2 岁以前的孩子来讲，说话是最不能实现交流的方式，因为孩子的左脑还没有发展。

　　0~2 岁的初始状态，就是孩子的心智还是一个空置状态，这个时候我们用早教，用大量的理性刺激、音乐刺激、图形刺激去激发孩子智力发展是非常好的。但前提是，过去我们用来刺激孩子发展的东西都是什么生成的？都是由谁生成的？是人类。我们用人类的音乐、人类的图片、人类的所有认知模型，如杯子、房子、老人等所有的属于人类建构的视觉模型去刺激孩子，这种刺激对孩子的能力发展有好处，但也有很大的坏处。原因是什么？我们知道，人类社会可交流的东西是非常少的，"存在"是一个非常复杂、非常深邃的东西。比如说狗，狗的叫声千差万别，狗有很多种叫声，在不同的情景下会发出不同的声音；但在人类的文化里面，就只有"汪汪"这一个词汇来表达狗叫声。我们用人类生成的这些东西——知觉模型来教导孩子，试图用"汪汪"来告诉他狗是什么东西，但对孩子来讲，他的大脑里面并没有这些知觉模型，这会让孩子对外界事物的了解变得狭窄。

当今的教育学家、社会学家、心理学家共同研究出来的教育思想认为，过早地使用人类生成的音乐、图形、知觉模型包括言语刺激孩子，是给孩子人化的知识结果，这更适合和人交流，但是这种交流会让孩子"变老"，或者使孩子初始状况的智力迅速衰减。我们要记住那么多种狗叫是非常费神的，但是只记住"汪汪"却很简单。也就是说，我们过早进行人类文化浸染的结果是，让孩子记住了"汪汪"，却忘掉了"存在"有巨大的复杂性。

现在我们主张人类文化对2岁孩子的教育和刺激不要超过1/4的比例，3/4要在自然中形成。我们知道，在音乐当中不管我们的钢琴弹得多么美妙也比不上黄河、瀑布的声响，钢琴永远不能模仿大海波涛的澎湃，小提琴演奏的风声永远没有真正的风声丰富多彩、令人震撼。人类社会的衍生物是来自自然，通过模仿自然来逼近自然，但自然永远比人类社会要真实、要复杂、要多样化。在西方，很多妈妈会在孩子出生3天后带着孩子去大自然闻青草味，因为孩子的嗅觉发展得最快，所以带孩子去嗅各种各样的味道。当他用触觉、嗅觉感受风的吹拂、水的拍打，这些信息远比过早给孩子提供一个分类信息好。

人类的文化是以分类的方式发展的，我们通过一个固化的模型衍生出一套一套的分类秩序，这个分类是把复杂的问题简单化后形成的。很多种狗的叫声我们没法区分，只能用一个词语"汪汪"来表达。人类文化和知识是用通约的方式传播，因为它要通过我们的演绎得以实现。比如说，我们对深圳的感觉——我来到深圳感觉到它的日新月异，但是这种感觉是说不出来的，我只能用类似"汪汪"这样通约的言语去描述，但把感觉理解过来时它的特点就变得非常少。就像一个美味，它的感觉是说不出来的，你想理解这个味道的时候借助的方法是言语，而言语的苍白性对"存在"的描述非常糟糕，所以我们要让孩子在 2 岁以前充满饱满的设计感。如果你想让孩子成为一个色彩专家，一定要在自然的色彩中刺激他，而不是给他看颜色卡片。神经系统有一个特征是当它能够用最简单的分类来处理时，它就用最简单的而不用复杂的。我们在神经分类里面测查图形记忆时，就不能给一个人看可命名的图形，假如这个是花，我们记住了花的概念就不用记住花本身，这是言语的使用给神经系统和大脑带来的衰退，当我们知道这个概念后不用关心这个花是什么花，或者它究竟是什么样的。

儿童没有言语时，他的思维方式充满复杂性，在孩子 7~8 岁以前不能以成人的教导方式教育他，如果成人教他绘画，看起来他会比别的孩子画得更像，但这是人类生成的文化模型，他会失去创造性。如果你希望孩子成为一个伟大的演奏家，而不是音乐家，经常给孩子听音乐是可以的。但如果你希望他成为一个有创造性的音乐家而不是演奏家的话，那就不一样了，人类的音乐充满一种节律，我们音乐的模型是 do re mi fa so la si，我们的音乐结构永远是以这个为中心的结构体系，但是大自然的声音不是音律的结构，音律是人类模仿自然结构的一个象征性的逼近产物，所以海涛永远是不可演奏的。如果一个孩子在 2 岁以前饱受了 do re mi fa so la si 的音乐刺激，结果是他对其他的音乐就失去了感受力。西方的研究已经证明，孩子出生后，他的大脑中每个细胞都在待命，大脑有几十亿个神经细胞，它要处理的是复杂信息，大脑细胞对差异敏感，对一致性信息不敏感。

我们在研究儿童孤独症时发现，儿童孤独症是因为他没有分类和抽象的能力，他会把每种花当成独立的花来记忆，而不会把月季、玫瑰当成一种花来记忆，这就是 2 岁以前孩子的智力类型。他们的每个细胞都在原地待命，当任何细胞对某一种差异产生了反应，它终身都会对这个差异产生反应，不再对其他信息进行反应，因为大脑的交流是无序的，是信息流的交流。

我们在进行儿童神经活动研究时发现，他们的大脑细胞全是充血和活动着的，但是一个成年人 3/4 的脑细胞不会活动，已经没有功能了，它们不需要活动。英国科学家做过一项实验，给一个 10 个月大的男孩玩一张黄色卡片，然后用计算机模拟和这个黄色卡片相近颜色的卡片，它们之间色差最小的时候只有两个单位。成人的肉眼根本辨别不出来，我们看到的是一堆颜色完全一样的卡片。但是这个孩子会非常轻松地把他经常玩的卡片拿出来——他可以辨别所有色差。想想看，这难道不就是天生的画家？天生的画家言语都很迟钝，为什么？因为他不是言语思维，他用得更多的是视觉思维、图像思维、直觉思维，所以他保护了他的感觉。

音乐也一样，儿童在自然中受到音乐刺激，获得的音乐模型是复杂的，如树叶的声音很难用所有的音乐器械表现出来；又如鸟的叫声，虽然可以用二胡来模仿，但是和真正的鸟鸣比起来却很苍白。如果你希望孩子在音乐上有较高的建树，千万要减少人类音乐对他的过度刺激。这给他带来的是大量的音乐感应细胞不再生动、波折，他最终失去了一个创造性的要素，他没有从自然中提取创造出全新音乐的能力，只能把别人的音乐拿过来编成自己的音乐，但是这样的音乐没有创造性。能够把人类文化推向前进的人是可以自由地对自然要素和人类音乐要素进行整合和创新的人。这种孩子至少在小时候要受到饱满的自然音乐刺激，包括听深层次的声音。据说10个月前的孩子可以听到空间中的声音，只是由于我们在学习言语时，我们的言语发展会限制孩子对知觉的理解。过去我们是通过感觉理解，是以右脑为主导的理解，现在是左脑的理解。现在我们是用能量的言语来解释物体，不是像过去用物质或者物体来解释物体，当我们用能量来解释物体时，物理学变软了，整个自然科学都变软了。我们所有的科学技术都在迅速地改变，但是我们的课本还没有改变，我们某些主流的知识点没有改变。如果要让我们的孩子在未来一二十年成为佼佼者，父母从现在就要开始改变，不然知识改变了，我们就落后了。

人自然的天赋才能有四方面：色彩、结构、音乐和记忆。只有在这四个方面突出才叫天才。清华大学的博士不叫天才，那是靠学习得来的。而孩子在这四个方面很棒的，才是有天赋的。想让孩子成为天才，就不要破坏这些天赋的能力。

想想看，如果一个孩子从小生在未分类和言语化的世界里，他后来进入理性世界，这两个世界是并存的。在他的内心，这两个世界会互相调和、影响、补充和发展。这样不仅对他的右脑有益，对他的左脑也是有益的。

现在科学发达的国家认为，右脑不够饱满的孩子，是终身会有情绪干扰的。因为右脑决定情绪，右脑饱满的人，情绪稳定性要高。我们太重视左脑的理性发展，太重视思辨。孩子从小就被灌输理性，让他知道对错好坏，让他用线性的方式去思考这个世界，结果是右脑没有机会得到饱满的发展。所以中国人容易产生情绪障碍。而像俄罗斯、德国、英国、法国，我们普遍认为他们是集体艺术水平比较高的国家。所以相对来讲，他们卷入情绪问题要少得多。

## 3~7 岁是右脑高度发展的阶段

这个阶段儿童所有的行为都是学习，包括游戏。在心理发展方面，我们一直主张孩子应以以游戏为主导的方式学习，而不是以坐着板凳规规矩矩的方式学习。但是，千万不要在孩子 7 岁以前过度刺激他的文字能力。我们的言语在提前，过去我们以为 2 岁半是言语发展的高峰期，鼓励孩子说话，但是不一定要鼓励他认字，这是现代对儿童智力发展的观念。认字是什么？我们给孩子讲这是花、苹果之类的语言信息，当孩子没有一个中间的思维过程替代物"文字"时，他的思维过程是以实体方式、以图形方式完成的。比如说我们谈到苹果，孩子对苹果的理解没有"苹果"这个词作为中间物，他可以直接演绎到苹果的本体、图形的个体化。当儿童学会认字时，他的大脑不再反应苹果这个物体，只是反应"苹果"这个词，对汉字的反应是几个细胞就可以了，而对苹果的反应要几十个细胞来完成。7 岁以前言语会刺激左脑发展，言语在左脑区域，是人类文化、人类科学、智力发展的产物。为什么左脑发展迟？因为它的细胞比较新，心脏细胞有几十亿年，左脑皮层细胞的发展只有几千万年。人类从原始人到现代人只有几千万年，右脑的细胞比左脑古老，是因为很多动物有右脑的神经结构。在以右脑发展为主导的阶段，可以发展言语，但是尽量不要发展文字。

孩子什么时候接触文字呢？在 7 岁以后，此时他的左脑开始发育。7~11 岁是左右脑共同发展期，这时候右脑越来越饱满，左脑开始欣欣向荣，孩子可以认识大量的文字并将其归类。7 岁以后的孩子遵守规则变容易了，但让 7 岁以前的孩子做到这一点很难。在左脑没有形成的时候，用理性科学教导孩子是困难的。孩子 11~15 岁时右脑几乎发展饱满。右脑的发展特征和左脑不同，右脑发展不能用分类、系统、完整的文化去刺激，要用散乱的、片段的、零散的、边缘化的、非中心的、非系统的方式去刺激。右脑的发展靠的不是学习而是刺激，任何知识需要有未分类的方式去引进才能保障右脑饱满地成长，而左脑是我们人类进行分类或者进行归纳抽象的大囊。

现在有一种观念认为，过早刺激左脑可能会使右脑不能饱满发展，从心理学上讲，真正让人类痛苦、产生神经症的不是我们没有理性，而是我们过于理性——用右脑感觉事件能力不够，左脑用理性的方式理解事件的能力过强。为什么那么多人有压力和痛苦？这来源于右脑和左脑的发展不够匹配——右脑没有得到充分的发展机会，而我们又过早地刺激了左脑的发展。我们教给儿童的文化是成型的，像老爷爷讲故事要从头到尾；这个从头讲到尾就需要左脑来理解，但是如果是一个片段、零散的讲授，右脑就可以胜任，不需要过早开发左脑。人类的科学是以左脑为主来发展的，但是人类的生活，人类的幸福感、自尊，以及人类在现实生活中的自足和社交都是靠右脑来完成的，不是靠左脑。心理学恰好是研究人类右脑出了什么错误。很多人因为学习不好自杀，很多人娶不到太太、生活不幸福，为什么？因为他没有形成和人类打交道的能力，他的右脑没有形成饱满状态。

## 15 岁以后是左脑的高速发展期

这个时期每个人都喜欢模型，喜欢推理，孩子学数学、物理学变得非常轻松。为什么在中学有物理学，是因为儿童已经受到大量存在的物理现象的饱满刺激，可以开始归纳、分类和逻辑理解了。如果一个孩子只待在家里或者一个相对狭小的生活环境里，学习物理学就会更困难。举个例子，从小喜欢看星星、观星象的孩子长大后学习天体物理学就轻松快乐很多。要让孩子在中学阶段能够愉悦地学习，关键就是在 15 岁以前让他能够有广泛的兴趣爱好，并能在自己的兴趣引导下做一些工作。我在深圳"市民大讲堂"专门讲过家长如何让这个时期的孩子喜欢学习，关键是孩子 5~15 岁时是否在学习知识的行为中获得快感和很大的优势感。

我个人认为整个小学不是为了获取知识，只是为了让孩子喜欢学习、习惯学校环境，以及增进在同龄群体中的相处能力。把学习当成一种愉悦和喜好是这个时期家长特别要在意的，如果从小在学习中得不到快乐，那么学习的动力会变得很弱。中学其实也不是获取知识的阶段，而是孩子如何建立适合自己的学习方式的时候，中学 6 年时间，孩子都要在现存的、一致性、简单的教育方式中发展一套自我适应和获益的独立学习方式，有了这样的学习方式孩子才会终身受益，读不读大学孩子都会成为一个拥有丰富知识的人。大学才是孩子真正获取知识系统的时候，有了学习的愉悦感，有了独有的有效学习方法，那么在大学这样一个拥有知名教授、图书馆、研究氛围、精英人才的地方，孩子会迅速成为一个知识性的人才。

所以，小学生的家长要关注孩子的学习感受，不要那么强调成绩；中学生的家长要关注孩子如何习得有效的学习方法并增进效率，不要太在意孩子在班上的成绩排名是比较好的做法。不要担心孩子会因此学习不好，强调成绩和学习内容是老师和学校的工作，家长要成为一种现存教育不足或缺陷的补偿系统——学校不关注的家长就要关注，这样孩子在学习的压力下不至于产生厌学的心理。

16岁以后人类的智力结构差不多形成了，高中生多半显现出自己的学习特色。无一例外，只有会学习的孩子才能进入好的高中，也只有能在学习中感觉良好的孩子才可能会学习。家长有时要用这样的思维思考：如果你不是一个在知识获取上成功的人，那么你越起劲地教育孩子，结果越糟，他只会越来越像你。把学习的责任交还给自己的孩子，可能才是家长最聪明的做法。

第 3 章

## 所有人都责怪我
## 没带好孩子

　　孩子一岁以前，母亲有三个行为是别人不能替代的：一是哺乳，二是依偎着孩子入睡，三是和孩子亲密地呀呀细语。这是母亲的责任。过早制定孩子的行为规则，遭受孩子的拒绝（不长大）是意料中的事。

我有一个 8 个月大的儿子，睡眠质量不好，长得瘦瘦的。我常为他的睡眠问题与公婆、丈夫发生争执。

有一次，儿子有 5 个小时没睡觉了，老是打哈欠，但又不肯睡。公公就说："他困了，快背着他睡吧。"我听别人说，让小孩子从小独立睡觉可以培养他的独立性，如果常背着他睡，会养成依赖性。以后不背他，他就不肯睡了。因为各自的观点不同，发生了争执。这样的情况常常会发生。

朋友的孩子都长得胖胖的，蛮可爱的。她们见了我的儿子总会说："个子怎么这么小啊？"听到这些话，我很难过，也很困惑。亲戚的小孩子 2 岁半了，白天困的时候也是他母亲背着他睡到醒来为止的。我不希望儿子在会说会走时也养成这样的坏习惯，就不让婆婆这样做。一位朋友说："你如果希望儿子胖起来，能让他睡着就行了，管他什么方法呢？"她说的也有道理。

有时儿子哭得厉害，婆婆就背着他，说："哪有做妈的让儿子哭却不理的。你这是没尽到责任。"真的是这样吗？

为什么我总与家里人的育儿观点不同？是我阅读育

儿方面的书籍太多的缘故吗？公公常说不要老把书里的做法搬到儿子身上做实验，这不是折磨人吗？就连丈夫也站在他父母那边。我母亲老是说："你就不能按老人家的方法做吗？我们不也是这样带大孩子的吗？"

唉，为什么所有的人都责怪我？我常问自己："是我太固执了吗？太狠心了吗？我做错了吗？"却总也得不到答案。

我该怎么办呢？

当然，仅从上面的描述要分清是非曲直是很难的。感觉在道理上你是对的，在与孩子的关系上公公婆婆是对的。我个人愿意支持你的家人，为什么这样讲呢？因为你的孩子才8个月，这个年龄的孩子对母亲有一种天然的依恋需求，总是想缠着你，一天24小时每一秒离了你都不行。1岁前的孩子是一个新生儿，这个世界对于他还非常陌生，他乐意与母亲结成一种共生关系，谁也离不开谁。一个孩子如果发育不好，睡眠与饮食出现问题，除了医学上的原因外，另一个原因则是心理上的——儿童心理学家把这种发育延迟看成是孩子的一种愤怒，是对存在世界的一种拒绝。引起这种现象最大的可能是母亲过于拒绝孩子对她的依恋，过早地制定睡眠与饮食规则，使孩子无法获得足够的安全感。失去这种安全感的孩子会有许多坏毛病，正如你信上说孩子需要背着睡，为什么要有人背着睡，因为他害怕失去亲人的关爱。

在孩子2岁前，建议你更多听从儿科医生与营养专家的意见，孩子的内心结构没有形成，心理学帮不了太多的忙。2岁前要充分满足孩子对亲人的依恋需要，孩子想背着睡，你实在不愿意，可以买个摇篮，晃着他睡。可以这样说，2岁以前孩子的任何要求都是合理的，不合理的是大人的应对。有些要求难以满足，父母要给予其他更多的补偿，这样才能使孩子安安心心地吃饭睡觉，长高长胖。

如果按照儿童发育理论，1岁前缺少饮食与母亲的关爱、照料，遭受饥饿、寒冷、孤独的孩子常常会表现出情绪烦躁、睡眠障碍、胃肠功能紊乱，直至体重减轻、发育延迟。心理上的症结可能导致成年后出现贪婪、物质欲、不信任他人，低自尊、社会孤独感，这些都是很糟糕的事。这期间儿童需要完成的发展任务是信赖、依恋、与人关系中的安全感。你要想一想，你的孩子是否依恋你，他依恋你的时候你是否有正确的反应与鼓励；孩子一旦有什么需要，你是否总能预先察觉，并尽可能地满足他；他是否信赖你帮助他获得他想获得的一切。1岁以前有三个行为是别人不能替代的，一是哺乳，二是依偎着孩子入睡，三是和孩子亲密地呀呀细语，这是母亲的责任。过早制定孩子的行为规则，遭受孩子的拒绝（不长大）是意料中的事。

# 孩子对妈妈的依恋需要

孩子的第一个心理发展期是 2 岁以前，是依恋期。2 岁以前，孩子与母亲的关系非常重要，要形成一种亲密依恋，不仅孩子需要依恋你，你也要依恋孩子。这种依恋能帮助孩子获得足够的安全感、与人亲密的能力和对自我的满足感。孩子愿意在你背上、怀里睡觉，很可能的原因是亲密欲求没有满足而出现的过度补偿。什么时候才要考虑心理要求的东西呢？一般 1 岁半的时候可以尝试引出一点规则，但要以鼓励为主，做不到父母也不要坚持。2 岁以后鼓励孩子走出对母亲的依恋是可取的，在与母亲分离的过程中，孩子会体验到敌意、破坏、生气与愤怒等负面情绪，帮助孩子认清、识别与有节制地表达这些情绪，而不要过于严厉而压抑了这些情绪，使孩子失去自我管理的能力。当然，那个时候母亲过于依恋孩子或者替代太多，可能导致孩子性格依赖和心理幼稚。

依恋期的孩子如果得不到亲密的满足，心理学会假定孩子的心理结构会受到重大影响，这个影响主要来自他与妈妈的依恋关系。2 岁以后孩子会发展更多的关系，比如和爸爸的关系或者是带养阿姨间的关系。如果在 2 岁前阿姨带他，形成的依恋是一种不太确定的、安全感不高的亲密关系，这种关系来源于阿姨永远不会像母亲那么全然地接纳孩子，她内心更多的是责任和关照，而不是发自内心的那种归属感，她没有，孩子也不会有。我主张一定要母亲亲自养育2岁前的孩子，这样孩子的身心成长会顺利一些。有的妈妈说孩子非常认人，除了妈妈谁都不要，这是很正常的，千万不要生气和批评孩子，因为那个时候的孩子是试图和妈妈形成一个共生的关系状态，任何外人，包括爸爸都是对这个关系的妨碍。心理学认为这是一种2~5岁儿童的"俄狄浦斯"情结，孩子无意识地希望独占母亲。当然，这样的理论也可能表达了成年男人因为宝贝出生而失去妻子关照的一种无意识愤怒。

5岁前后是孩子的分离期，孩子开始把兴趣从家庭转向了社会，如幼儿园。在5岁以前送他去幼儿园基本上是"誓死不从"，但是5岁以后孩子会主动说"我要去幼儿园"，因为他的兴趣慢慢转向了外部的世界，他开始去认识更多的朋友，包括和老师接触。一个首要的表现就是开始喜欢爸爸甚于喜欢妈妈，认为爸爸更好玩儿。这是一种普遍的儿童心理，妈妈有很多规则和麻烦，总要自己这样那样，只有爸爸除了跟自己玩儿没有其他要求。考虑到这一点，孩子2岁后，父亲要进入孩子的内心成为重要的人，就必须讨好太太，跟孩子玩，不要对太太厉害，也不要教育孩子。什么时候可以开始教育孩子，等孩子跟你很铁、很哥们儿时，你教育他、引导他就会自然很见效了。

第 4 章

## 怎样才能
## 一步步放开手？

想让孩子顺利长大，母亲需要运用智慧或计谋。母亲越是坚决地贯彻教育，孩子越不容易长大；相反，有宽松的家庭氛围，加上合适的引导，孩子反倒如小鸟展翅，会勇敢地飞翔。

经历过一些波折，我33岁才有自己的宝贝。做母亲的感觉真是幸福，所以我对儿子也照顾得非常细致，从小时候几个小时喝一次奶，到每天衣物的添减，我都安排得非常仔细，生怕出一点纰漏。家里人都笑我对孩子关心过度，但我一直对这种说法嗤之以鼻。

从小到大，儿子都和我关系特别好，看着他依偎在我怀里，笑眯眯地说："妈妈，我爱你。"我觉得无论多辛苦都是值得的。

可随着他年龄的增长，我也开始有了困惑。儿子好像依赖性过强了，哪怕是一点点小事，他也会找别人来帮忙。比如早晨穿衣服，不是这穿不上，就是那找不着，总在自己房里大声喊："妈妈，来帮帮我。"

他现在已经上小学一年级了，就连书包也不会收拾。每天晚上都是我帮他收书包、削铅笔什么的。

前不久，我发现他就连学习上好像也懒得自己动脑筋。如果某一道题需要稍微转个弯，他就会看着我，让我帮他想，好像学习是我的事似的。如果我生气不管他，他除了在那掉眼泪，根本不会自己动脑子想。

我是想把孩子照顾得周到一点儿，可没想到，他怎么连脑子都一并懒起来了。

老公建议我从培养孩子的自理能力入手。我也想这么做，可一遇到具体事儿的时候，比如看着他削铅笔时颤乎乎的样子，我总怕他伤着，不自觉地就会拿过来帮他做了。

事后我也后悔，怎么又管他了。可每当看到儿子求助的眼神时，我却总也硬不起心来。

请问我怎么才能真正放开手呢？有朋友安慰我，让我一步步来，可真正从哪里开始，又怎么才能一点一点地实施呢？我心里实在没谱。


如果从旁观的角度来看，母亲与孩子之间的这种依恋很像是一种游戏。很小的时候，母亲扮演一个照顾者，孩子扮演一个被照顾者，两人间产生了一种依恋，这些依恋不仅是亲情的依恋，可能还有角色的依恋。直至孩子一年级，这样的游戏还在继续：母亲热衷于做照顾者的角色，孩子则从被照顾中感觉到母亲的爱与关注，从而无意识地幼稚化，或不那么想独立做事情。谁能说此时孩子不是试图把自己被照顾的角色维持下去呢？

任何关系一旦形成就可能产生一种称为惯性的东西，人们无意识地寻求一种熟悉的方式，就如开车会习惯走已经走惯了的路一样，孩子所有的对母亲的诉求都可以看成在行为上去重现关系的老路。解决的方法是母亲把游戏的角色颠倒过来，开始从一些小的层面让孩子来扮演照顾者。有一天他对照顾别人厌烦了，自己也就不那么想当被照顾者了。

比如，让孩子从学校回家的时候买一瓶酱油回家。妈妈请求地说："宝贝，妈妈今天特别忙，你要帮帮我！"孩子放学后要先去买酱油，再带回家，可能会产生许多麻烦，但完成了，母亲要对他格外好。如果他不愿意，妈妈可以说："妈妈请你帮忙你不愿意，可你为什么总是要妈妈帮助你呢？"这个问题可以促使孩子思考，给他一些扰动。这样的事情重复多了，孩子做作业的时候，呼喊母亲帮助的底气就不那么足了。

另一个变通的做法就是尝试着让孩子犯错误，比如母亲收拾书包的时候，故意把他的铅笔盒落下，但把它放在显眼的地方，孩子稍加留意就可以看到，并来纠正照顾者的错误。可以纠正母亲的错，孩子会对自己产生信心。如果孩子疏忽了，到学校必然会有不少的麻烦，对母亲的依赖就会动摇。这样的错误母亲可以重复犯，比如检查作业的时候故意把明显错的地方忽略掉，让老师给孩子一个很低的分。慢慢地孩子对照顾者的信任减少，自己独立学习和管理的能力就会逐渐增强。

对一个七八岁的孩子，处理这样的依恋纠结不能只是教育，因为母亲在教育孩子的时候，游戏角色并没有改变，孩子还是一个依赖者，母亲还是一个照顾者。要用一种智慧，或计谋。想让孩子顺利长大，母亲需要转化角色，并把主导孩子的空间让出来，让孩子对自己建立信心。越是坚决地贯彻教育的母亲，孩子越不容易长大；相反，宽松的家庭和合适的引导，孩子反倒如小鸟展翅，会勇敢地飞翔。

# 勇敢飞翔的分离期

　　儿童心理发育的第二个阶段是分离期，分离期主要在 2~5 岁期间完成，这个分离期的适应主要靠爸爸。父亲在这个时期开始进入儿童的活动，再忙再累都要抽时间和孩子玩，这可以避免妈妈和孩子过度依恋，因为妈妈爱孩子比爱丈夫还要深，孩子是妈妈的一部分。爸爸要做的事情是关心太太、爱太太，成为妈妈和孩子的"第三者"，把妈妈从孩子身边带开。如果先生不做这件事情，孩子和妈妈的依恋会滞留，这对东方人来讲没有问题，东方人是以家庭为主导的分化需求，也就是说每个孩子不需要分化到独立的个体，他是以家庭为单位的心理结构，所以东方的孩子跟妈妈睡到五六岁都没关系。但对西方文化来讲，像这样的孩子在社会上会受到别人异样的看法，会认为妈妈和孩子黏得太紧了，但东方的文化不认为这是麻烦，而认为是正常的。心理学的主导理论是从西方的理性发展而来的；东方的更加感性，通常以感性的方式指导我们的生活，我们不一定到这个阶段非要分离。其实东方的男孩、女孩和爸爸妈妈没有分开，像我们到四五十岁时还会非常在意爸爸妈妈的看法，希望能够和他们的意见一致，这样的行为就是来自东方文化。

　　从理论结构上讲，在这个时候爸爸要介入，夫妻两个要"重归于好"，让孩子能更独立地长大。在美国，2 岁的孩子要分房睡觉，要让孩子独立地承受孤独、恐惧、黑暗、害怕。这些感受会促进个体的心理发展，当孩子一个人在房间睡觉，醒来后他会哭，妈妈就会来，但后来慢慢地孩子的内在能力会增强，到5岁后他的心理结构就会变得比较成熟。东方的孩子相对来讲比较温和，因为父母担心孩子害怕所以会照顾他，于是孩子到5岁时还不能独立承受孤独、恐惧、黑暗。但是没关系，人的成长是一个缓慢的过程，从科学角度来看，孩子成长越慢，他的心理结构越坚强、越稳定。当爸爸妈妈意识到要给孩子这样一个孤独能力的训练时，在孩子5岁后鼓励他独自睡是可以接受的，但如果孩子拒绝，父母也不要强迫坚持，可以用温柔、间接的方法。

分离期之后是一个重要的平稳期，心理学称之为相对期。相对期也是学习的重要期，这期间孩子的成长相对平稳，家长主要关心孩子人际交往、社会兴趣、个人爱好和生活习惯等方面的成长。

第 5 章

儿子这样
正常吗？

好与不好每个人都有自己的标准。人们习惯把自己认为好的东西强加给孩子，这样的做法可能会避免孩子犯幼稚的错误，但却压抑了他的思考能力和选择能力。

儿子今年11岁，上五年级。按理说，五年级的功课应该是比较紧张的，可是我们从他身上却一点都看不出来，平时也是这样。特别是他好像什么都无所谓。每次考试都自我感觉良好，但是成绩经常不像他说的那么好。在一些他自己的事情上，他也表现得很无所谓。例如，问他学不学奥数、学不学英语等，他总是说无所谓。

据我了解，与他同龄的很多小孩都很有自己的主见，他却不是。有人说男孩子如果到了初中都没打过架的话，就不太正常，这是真的吗？如果这样的话，按照我儿子现在的性格、脾气，估计到高中都不会打架的，这会不会有点不正常？

好与不好每个人的确都有自己的标准，每个时代也有每个时代的特征。人们习惯把自己认为好的东西强加给孩子，内心的假定是孩子不知道什么是好。这样的做法可能让孩子在局部获益，避免了幼稚的错误，但在整体上看却压抑了孩子自己的思考能力与选择能力，也让他失去了在挫败中成长的机会，总的来看是得不偿失。生活在这个时代的人，并不以为紧张的学习真的对成长好，轻松地学到知识才是这个时代的精神，不然于丹就不会那么红。其实，小学能得到的可称为知识的东西非常少，学到的只是一些线形逻辑下的刻板观念与假定，但花去孩子的时间、精力却特别多。想想一个小学的孩子，每天背15斤重的书包，起早贪黑地学6年，学到的知识像一个小手指甲那么多，且不说还要备受指责与父母的训斥。6~12岁的孩子形成的综合知识绝大部分是校外获得的，或者虽在学校习得却非老师的要求。从自我心理学来看，孩子有天赋的自我完成的动力，这种力量如果父母不压抑它，它会自然地引导孩子按照一种多样化天赋去成长。我们的学校是按照一致性原则去培养孩子的，许多孩子的天赋受到压抑，如果父母还非要把这种"完"的动力变成一种"单"的学习，天才的孩子会从小活在痛苦中。

孩子的知识、心智、性格、心理、心灵都需要一种同步的成熟，这种成熟需要孩子具有广泛的涉猎与兴趣，尤其在孩子高中以前，把精力分布在成长的各个方面是重要的。小学学习的首要任务不应该是获得知识，那点知识算不得知识，更不应该有太多考试。从心理发展来看，小学的任务有三：一是让孩子喜欢学校，通过快乐的学校生活来喜欢学习这件事，比如组织兴趣小组，让孩子对知识感兴趣；（试问我们老师考虑过如何让孩子快乐吗？）二是促进孩子社会化，与同龄孩子交往，建立社会友情，适应群体规则、秩序，懂得责任与义务，爱护他人等（教书育人）；三是培养孩子自理、自立与动手能力，在家父母会帮办，学校可以补偿家庭教育的缺陷，当然也包括对知识的应用能力（不是考试）。

无所谓是一种后现代典型的心态，既不随同主流大众，也不追求个性宣扬，按照自己的方式生活、学习、成长就好，别人咋样不在意也不怎么搭理。打不打架，并不是男性化的判断标准，从社会发展来看，男孩子会越来越女性化，女孩子却越来越男子气，这是独生子女式家庭带来的必然结果。当然，性别中性化也是世界的潮流。母亲担心孩子学习不紧张，可能是不满意孩子考试的成绩；事实往往是，在小学学习中等，好玩、随意性强、兴趣广泛、动力旺盛的孩子更有未来的发展潜力。

# 形似"癫狂"的过渡期

12~16岁的孩子在心理成熟的过程中，要走过的一段艰难困苦的历程是心理学中讲的过渡期。这个时期的孩子要经受许多心理震荡，可能出现许多适应性障碍，内心缠绕着羞愧、紧张、社交恐惧、伦理焦虑、负罪感，以及攻击倾向。这是一个从孩子心态慢慢转变为成人心态的时段，此时孩子在行为上常常同时存在两个极端：自尊与自卑、盲目崇拜与藐视权威、道德感与过分道德感、独立上进与懒惰依赖，它们统统夹杂在一起，形似"癫狂"。

其实，对每个青少年来说，这个"极端"行为过程是非常重要的，他必须为今后的一生积攒足够的进取能量与情绪经验，形成人格雏形、人生目标、审美与价值系统。

过渡期的孩子有这些特点：

1. **他们突然变得让父母百思不得其解，有时还敢冒天下之大不韪，好像"老子天下第一"**。他们敢反抗权威，对父母不尊、不敬、不服，并且对父母的反应与批评极端敏感。事实上，与父母冲突越厉害的孩子，也越依赖父母，冲突是为了挣脱依赖。从物理定理看，与父母联结紧密的孩子，分离出来的动能大，释放的热量也较大。聪明的父母容忍孩子对抗与依赖的双重心理欲求，对孩子做事莽撞、得意忘形进行积极的引导，以此来为他拓宽发展的路。愚钝的父母却会挥舞大棒，用不恰当的批评与"镇压"来引发孩子的心理退缩。

**2. 他们突然有了一些古怪的行为问题，如缄默、关门独处、答非所问、凝神静思。**尤其多见的是强迫性倾向——对一些简单的问题，诸如"先有鸡还是先有蛋"一类无解的问题追根究底。要么为求准确耗费大量时间，要么做事焦虑暴躁、丢三落四。父母感情分离的孩子更古怪，仿佛是要拼命引起父母的关注，为家庭创造共同的话题。

**3. 他们突然对家庭问题敏感，甘愿扮演家庭的替罪羊或者小大人。**孩子热心做父母之间的调节人，在父母之间玩跷跷板，要平衡。当"阴谋"难以得逞时，他们变得容易激动、愤世嫉俗，仿佛曾经沧海难为水的样子。有的孩子会把对父母的愤怒转向自己，头疼、发烧、拉肚子，严重时逃学出走，无所不用其极。面对这些"行为过激"的孩子，原本活得不轻松的父母有如"屋漏偏逢连夜雨"，苦不堪言。

第 6 章

# 为什么我的孩子
# 总犯错？

　　其实犯错是一种心理需要。孩子小时候犯一些错误再正常不过，他通过错误来确知与外界或他人的关系，从而获得对犯错的"免疫"。人类的孩子与哺乳动物小时候一样，要在游戏中预演攻击与防御、残忍与仁慈、捕获与逃避，才能获得生存的能力。

我家的敢敢 8 岁了，其实他一点都不勇敢，原因是他的爷爷、奶奶、爸爸和妈妈我们四个人整天贴身相随。敢敢的爸爸说，不能让孩子犯错误，老犯错误的孩子会学坏。所以，全家人都在消除可能让敢敢犯错误的机会。结果，一不留神，敢敢就干坏事，今天砸坏邻居的窗，明天弄伤别人的狗，每天都有来我家里告状的人。敢敢干了坏事，就会吓得躲起来，我们就不得不替他受过。

每个孩子都有成长的烦恼，每个年龄段的孩子们或多或少会出现一些相似的问题。1 岁吵夜，缠人；2 岁不好好吃饭，说话发音不清；3 岁乱拉屎尿，乱涂乱画；4 岁捣蛋，违逆，恶作剧；5 岁撒谎，欺负小孩子、小动物；6 岁闯祸，偷拿别人的东西，砸烂玻璃；7 岁多动，贪玩，不爱学习；8 岁……发展心理学认为，孩子小的时候，心灵像一个空白的录像带，需要对所有情绪（快乐、痛苦、悲伤、骄傲、自满、受挫、爱恨）做预演体验，留下适当的印痕，今后的日子里这些印痕是可利用的资源。在面对复杂环境时，孩子通过"心理反刍"，找到较为合适的应对方法。例如，人体免疫系统的形成在 1~3 岁是一个最佳的时期，过了这个时期，要形成有效的免疫，肌体就要付出应激与发炎的代价。

其实犯错是一种心理需要。孩子小时候犯一些错误再正常不过，他通过错误来确知与外界或他人的关系，从而获得对犯错的"免疫"。人类的孩子与哺乳动物小时候一样，要在游戏中预演攻击与防御、残忍与仁慈、捕获与逃避，才能获得生存的能力。敢敢受到贴身看护，显然会失去一些实现行为情绪的时机。小时候未曾体验的东西，长大后就欠了债，内心总有些不安宁。有时会以冲动的行为或变样的举动来实现那些未竟的"事业"。孩子在2~5岁时，许多负性情绪，如愤怒、对抗、残忍、嫉妒、仇恨都要有适当的表达，从中获取管理这些情绪的经验，学会节制。孩子犯错需要合适的年龄，5岁孩子当街撒尿，别人只会一笑，12岁还当街撒尿就会被视为品行不端。同样，一个小孩子伤害小动物，遭受过父母的"斥责"，长大了就不会跑到动物园跟狗熊过不去——这可能是幼稚行为的延迟出现。孩子小的时候，该犯的错误没有机会犯，到了不该犯错的时候，却用幼稚的行为去"补课"，那真是有些得不偿失。

我们观察到这样的现象，小错误不犯的人常常犯大错误，究其原因，是没有犯错的经验。犯错是孩子的权利，也是孩子成长的资源！拿敢敢来说，他的行为在心理学上叫作攻击性外显，解决的办法是让他承受行为的责任，去面对谴责，赔偿损失，向别人道歉。这样的好处，一是摆脱自我中心，知道外部世界并不总能为所欲为；二是遭受必要的情绪挫折，体验后悔、难过、害怕是什么东西；三是学会协调攻击欲望与环境的关系，慢慢把攻击行为转向积极安全的范围（如运动、竞赛）。积极地看，每个孩子都会欺负别人，也会被人欺负，从中可以学会自我保护。砸烂东西、伤害小动物，从中学会怜悯、爱惜和承担责任。对人撒谎，从中知道诚实的重要，学会如何保持缄默或运用一些模棱两可的语句来应对困境。与父母或老师的对抗、怀恨在心、谩骂、违拗，以及向别人水杯里吐唾沫，从中学习协调与权威的关系，学习服从与心理平衡技术。逃学、不做家庭作业、上课不好好听讲，体会到自由是有代价的，短时的放纵必定有长久的损失。比较严重的错误是斗气打架、偷拿别人的东西、恶性撒谎、侵害别人利益，以及无故离家出走等，这些错误看起来很糟糕，但孩子还是可以从中获益，学会预见行为的后果，承受不愉快的处罚和社会压力，遭受孤独与焦虑等。

当然，并非一定要鼓励孩子去犯错，顺其自然比较好。犯错也需要有一定的心理能力，没有心理能力的孩子可能也不敢犯错。研究发现，具有创造性思维的人犯错的机会要多一些，错误也要大一些。发明家爱迪生小时候在化学实验中，曾把一个小实验室炸翻。可以说，敢犯错误的人都会是一些有希望的人，关键是犯错的时机要把握好，在该犯错误的年龄犯些必要的错误。小孩子如果犯了大错（面临学校除名、巨大的赔偿、离家出走等），就成了孩子人格发展的危机，父母有时也不得不来帮助孩子承担部分责任。要让孩子不犯大错，必须让孩子从犯小错中学会预见行为的后果。那么，明知孩子的行为会失败，家长是任其发展下去还是要制止，这要看犯错后的责任孩子是否能承受，如果不能承受，帮助他预见后果是重要的，不让他犯不该犯的错。

# 孩子犯错考验父母

孩子的犯错就像在学习中遇到难题，父母需要像老师解题一样帮助孩子去分析。首先是行为的动机，如果动机是好的，先表扬他，以降低孩子的焦虑；再看方法对不对，方法不错，或部分不错，肯定他，让他知道部分行为还是被认同的；最后看结果如何，错误怎样形成。孩子也许开始以为自己是对的，父母需要告诉他任何行为不仅需要自己的满足，还需要别人的认同，要得到认同，就要遵守共同的规则，并告诉他通常有哪些处事的规则。通过这样的教导，孩子很快会从犯错中学到很多好的东西，同样的错误也不会一犯再犯。犯错有几种类别：一是无心之错，原因是孩子缺乏经验，对行为的后果不能预见，这些错误是可以理解的。二是有意之错，有好的动机但没有处理问题的能力，好心办坏事，帮倒忙，比如想帮妈妈洗碗却砸坏了一叠盘子。三是无理之错，想要发怒气、报复或攻击谁，做一些损人不利己的事，协调不好本能与环境的关系。只要我们提醒孩子不要总犯同样的错误，或者不要去犯无意义的或低级的错误就尽到了做父母的责任。

要让孩子在错误中获益，家长们一定要避免两个不好的倾向：一是父母竭尽全力来预防孩子犯错，一旦犯错又竭尽全力让孩子避免受罚，以为孩子犯错一定是父母教育不好，要替孩子受过。其实不然，再好的父母也不能保证孩子不出差错，但好的教育一定把犯错看成是教育的良机，使孩子从犯错中获得成长。二是过度惩罚，以为不管多大的孩子干了错事都是非常糟糕的事，是品行或道德问题，凡事上纲上线，把事态说得很严重，甚至不惜用谩骂体罚来纠错，使小错变成重大的心理创伤，犯错违规的冲动没有化解，而是被潜抑和深藏，成为一种心理情结，削弱了孩子的防御能力与生存能力。

纠正孩子的错要先解决好父母内心的情结，很多父母在面对孩子犯错时不会那么理性，这也是可以理解的，因为父母也是人。孩子的有些错误还会激发父母早年的心理创伤，无意识地想通过教育孩子去纠正自己几十年前的错。对孩子犯错的态度常常折射出父母早年未处理好的情结，注意孩子的心理年龄和心理承受能力，就能避免父母的过度要求。在亲子关系好的家庭里，孩子遭受轻微体罚，不会形成长久的心理创伤；亲子关系不良的家庭凡事小心，一句不恰当的话，会让孩子记仇一辈子。

应对错误的一般原则：孩子2岁前，父母不能责罚孩子；2~5岁，父母对孩子犯错的教育要顺其自然，多鼓励和肯定；5~12岁，帮助孩子从错误中获益，学习社会规则和承担成长的责任；12~16岁，如果孩子外向，心理承受力强一些，对错误的批评可以引入是非观念，对内向的孩子还要多注意。对道德、良知的培养，父母不要心急，用积极的心态去看待孩子，孩子自然会变得善良与懂事。

# 第 7 章

## 如何防范
## 孩子受伤?

---

　　教导孩子避免危险的方法不是不让她做，而是告诉她每种事情都有比较安全的做法，遵循一定之规，伤害就不会发生。如果孩子预先知道如何面对各种情景，自身防范的意识就慢慢成长了。

我的女儿 2 岁，我的教育方式是什么都可以让女儿自己玩，但是面对女儿有危险性的行为的时候，我开始还可以说服教育，如果她再犯就会用打手心的方法，而且一直会打到女儿不敢再干。这样的方式对吗？会给女儿的心灵造成伤害吗？

　　用伤害的方式教导孩子不被伤害，并不能让孩子正确地回避危险，反倒是一种鼓励。2 岁的孩子处在对世界旺盛的探索期，充满着新奇感与兴奋。打是一种深刻的心理体验，与那危险的活动会形成一种连锁反应，结果想去试试的欲望不是被减弱，而是增强。这就是为什么母亲经常会对孩子说出这样的话："看看，让你别去做，非要去做，现在活该了吧。"你的本意是为了保护她，结果伤害她的却是你，这就是教育的悖论。

　　比较好的做法是防患于未然，在孩子小的时候，她没有危险意识，你最好不让她接触危险的地方，如池塘、石崖、马路、电线插头、火、开水瓶等。2 岁的孩子对大人语言的理解是不充分的，你吓她甚至打她会把她搞糊涂，要么令她产生一种恐惧，胆子真的被吓小了，有一天你哭都来不及。要么，你越不让她干，她越干，让你后悔晚矣。在孩子 3 岁的时候，家长最好陪孩子去冒一些小险，帮助她理解危险是什么，尤其要演示给她遇到危险该怎么办。小小的试验是可行的，如走路的时候故意把她挤倒，然后告诉她在幼儿园孩子多的时候，会发生这样的推搡，教她在下楼梯、过窄道时如何避免拥挤。

让孩子犯一些小错误可以预防她犯大错误。

打孩子不好，一直打到孩子不敢再干更加不好。教导孩子避免危险的方法不是不让她做，而是告诉她每种事情都有比较安全的做法，遵循一定之规，伤害就不会发生。如果孩子预先知道如何面对各种情景，自身防范的意识就慢慢成长了。

# 被家长打的创伤

　　教育孩子并没有公认的一定之规，这要看家庭传承的文化与习惯、当下的社会风气，以及父母自身的修养、孩子的个性与家庭亲密度等。从统计学来看，在父母文化不高、经济状况不良的环境中长大的孩子，挨打要多一些，因为父母的嘴不太善于说理，手就自动来帮忙。在父母文化高、经济状况好的环境中长大的孩子，挨打要少一些，被管束和教育的程度却要高得多。他们父母的智商一般都比较高，能想出很多有效的办法来制服淘气包。从心理学角度来看，打其实是提示一种关系的亲密性，中国历来有"打是爱"之说。亲情融洽的家庭，父母对孩子的态度反而随意一些，有时也会敲敲打打或批评得过火，孩子不会计较，也明白父母的用心。亲情不融洽的家庭，敲打孩子或批评过火可能引发逆反，得不偿失。严重时，甚至产生家庭内的敌意，父母与子女形同陌路。能不能打孩子，要看你和孩子关系铁不铁，常识中"亲妈打得，后娘打不得"就是这个道理。

　　在我的临床咨询中，的确有不少的成人把一生的不快、不幸福归结于父母的粗暴态度，认为是父母的行为使他从小就没有尊严与自信心。这样的事要两说。许多人成年后不愿意接受现实，以为如果小时候父母不如何做，自己现在就会怎样。其实，这是一种对责任的逃避。持这种想法的人，甘愿扮演一个社会的弱者，沉浸在对过去事物的抱怨中，以"我无能为力"来逃避他该付出的努力。另一种情况就是家庭暴力，父母有性格方面的问题，或酗酒，或婚姻危机，或社会失意，拿孩子当出气筒。这种打一般比较凶，有皮肤的损伤，严重时可能还会有躯体器官的损伤。生活在这样的家庭里，孩子的身心都会遗留很大的创伤，进而使孩子的灵魂扭曲，成年后两极分化——要么怯弱胆小，要么就胡作非为。西方社会非常重视父母对孩子的虐待行为，其中包括性虐待、躯体虐待（体罚、忽视）和精神虐待（骂、指责、冷漠）。专门有个儿童权益保障委员会来督促父母行使好监护权，如有证实的虐待行为，可能会取消父母对子女的监护资格。

中国古代主张对孩子要严教，"黄荆棍下出好人""不打不成才""家严出孝子"这类至理名言仍旧活跃在国人的潜意识中。当然，从人性的角度，打孩子毕竟是非人性的。现代社会越来越重视孩子个性的独立与自由的决策能力，社会的价值取向越来越重视个人能力，尤其是竞争力和创造力。打孩子可能会让孩子变成听话的人，甚至是愿意好好学习的人，但不能打出有创造力的人。过度的打骂反而会损伤他成长的动力，挫败他的信心并淹没他天赋的创造力。

绝对地不打骂孩子是不是就对呢？其实不然，对孩子冷漠与忽视比打骂还要伤人。在临床中，有两种疾病与童年遭受父母冷落、忽视，甚至遗弃有关。一是边缘性人格，这样的人在亲密关系中有一种强烈的不确定感、不安全感，他们缺乏自我边界，内心非常苦痛。另一类是创伤后应激障碍（PTSD），这样的人童年长期处在被忽视与否定的环境中，人格退缩、依赖，常有分离样情感色彩与躯体障碍。所以，能不能打孩子，该不该打孩子，不能很简单地用 YES 或 NO 来回答，我们需要引入新的观察系统。那就是要看打这个行为对解决某个问题是否有效——有效则"响鼓不用重锤"，孩子后来会感激你；无效势必"矫枉过正"，打会打出更大的麻烦。

有些孩子是不能挨打的：

（1）父母与孩子的关系不好。这种情况越打越疏远，越打越逆反，这种无效行为宁可不做。

（2）孩子已经受到很大的挫折和委屈。孩子承受压力的能力有限，雪上加霜的事千万别干。

（3）过于内向的孩子天性敏感，处理应激事件的能力有限，什么事都掖在心里，外表看不出来，打会加重孩子的压抑。

（4）属于孩子自己的事情不要打，如爱好、社交、友情，尊重孩子的权利，可以培养孩子的自信。

（5）青春期前后的女孩子不能打。女孩需要更强的自尊心，她们长大后遇到的社会压力会比男孩子大。女孩被打容易形成一种受虐倾向，以为打是一种被爱和被关怀，结果会无意识地鼓励丈夫的暴力。

（6）打后还要让孩子自我检讨的事不要做。孩子被打以后相当一段时间一般都很窝火，可以让孩子表达他的不满，让他有个心理缓冲。这个时候强迫他认错，等于逼迫他撒谎做假，会加重他的心理创伤。

当然，最后要提醒的是，打不要真打，打只是一种策略，对孩子起到威慑的作用也就够了。

# 第 8 章

## 女儿的兴趣
## 为什么这么广泛?

孩子对这个世界的好奇就像我们在观光,他会被一种新鲜的活动吸引,会有一段时间的痴迷和兴奋。但很快,新的兴趣吸引了他,旧的行为被他厌倦。对他来说,理性是一种超然的东西,前行就是成长。

我女儿5岁多了，是一个兴趣广泛的小姑娘，无论什么事都很感兴趣，所以，我先后给她报过舞蹈、美术、游泳、珠心算等兴趣班。刚开始学的时候，她的兴趣很大。例如珠算，刚学珠算时，回到家就拿着算盘打，打出一个数来就高兴得手舞足蹈。学舞蹈的第一节课，因为表现突出，老师几次叫她上去做示范；可是学了一段时间，她就没兴趣了，不想去上课，不想做作业，后来甚至为此而哭闹。

　　学游泳的过程尤其明显。当时给她报游泳班时，征求过她的意见，她同意了。但是，毕竟她是一个胆子比较小的孩子，所以，第一次上课时，我和她爸爸的心都悬着，她爸爸甚至后悔让她去学了。那天幼儿园放学，她爸爸去接她，我迫不及待地给她爸爸打电话，她在电话里高兴地对我说："我今天游泳了，特别好玩，我下次还想去！我们班有两个小男孩哭了！"我大大松了口气，以为此后一切顺利了。谁知道过了一个月，她开始跟我说些"要是不报游泳班就好了"之类的话，我说："你不是游得挺好的吗？你看，你那么爱漂亮，游泳后身材好，穿什么衣服都漂亮！"她也表示同意。

有一次，她早上闹情绪不想去游泳，早饭没吃就已经到了游泳课时间，我就没让她去上课。下一次上课前，我给游泳教练打了个电话沟通，她说，我女儿胆子比较小、害怕憋气，很多孩子在这一关都会哭，要多鼓励她。可只要是第二天有游泳课，前一天晚上女儿总会表现出心事重重的样子，有时候还会哭。我总是鼓励她说："你只要会了，就没有想象的那么难，妈妈相信你一定能做到。"

就这样，她又上了几次课，情况也还凑合。可谁知，有一天晚上，她又因为这件事哭了，而且半夜醒来还哭。甚至老师向她保证不让她下水，只让她在旁边看着，她都不肯去。我没想到，游泳会让孩子压力这么大，犹豫让不让她继续学。

有一天送她上幼儿园，年轻的老师跟她开了句玩笑："明天去不去游泳啊？"没想到她一听这话，连教室门都不肯进了，眼睛也红了，哄了半个小时才肯进教室。

看她这么紧张，我彻底打消了让她接着学游泳的念头。

可是，我的做法却让公公婆婆和丈夫不理解，他们说我太由着孩子的性子了，如果像这样做什么事都半途而废，她以后上学遇到困难也打退堂鼓怎么办？其实我心里也很矛盾：一方面，想让孩子做到善始善终，不半途而废；另一方面，我不愿意逼着孩子，让她那么小就承受那么大的压力，精神紧张。我也弄不明白，究竟怎样做才对孩子的身心健康有好处？

有两个问题要在回应前做一个基本假定：

第一，5岁孩子的心理承受能力远没达到做事可以善始善终的地步。

第二，5岁孩子是由感觉引导的，而非理性或规则可以引导的。

接受这两个前提，人们自然会看出家长用一种成年化的价值观去判断孩子的行为有多么荒谬！5岁孩子对这个世界的兴趣刚刚开始萌芽，她什么都好奇，却小心翼翼，对什么事情浅尝辄止，兴趣的转移也如三伏天气。为什么谚语会说三伏天娃娃脸？让我们来想象第一次到九寨沟、黄龙、张家界这样的风景区旅游，看到第一幅美景时我们会惊讶、感叹、愉悦，对此流连忘返，产生恨不能终老于此的想法。但我们还是会依依不舍地离去，仿佛知道前面还会有很多美丽的风景在等待我们，理性也告诉我们要完成整个旅行。对孩子来说，这种理性是一种超然的东西，前行就是成长。

孩子对这个世界的好奇就像我们在观光，她会被一种新鲜的活动吸引，会有一段时间的痴迷和兴奋。但很快，新的兴趣吸引了她，旧的行为被她厌倦。如果孩子可以自然地交替这些好奇和兴趣，转移自己的兴奋点，她对这个世界的接触、感知、喜欢就很快得以完成。这些游戏、兴趣与爱好不会被孩子遗忘，也许看起来她什么都忘了，不过，这些活动带来的鲜活的内心快乐的体验会永远储存在孩子的心理记忆中。等到孩子10岁以后，像老牛反刍似的这些心理体验会再现，儿时接受的不同的培养和训练会活化，帮助她选定某种兴趣，甚至可能发展为一种职业，也可能作为一种爱好伴随终身。这还不是更重要的，更重要的是这些心理体验是孩子情商发展的基础，是她对这个世界、对人类、对自我的基本感觉，也是孩子会选定什么样的价值观的感觉基础。客观地说，孩子不愿意执着于某种活动，正如她要继续前行一样，潜在内心的那种超然理性在保护她的成长。

当然，5岁孩子也是开始建立规则的最佳时期，那么如何既保护孩子的自然选择，也帮助孩子学习规则和责任呢？这里应该有些可遵循的东西：

首先，规则应该是孩子稍加努力就可以完成的。给孩子定不能完成的规则，不仅不能帮助她学习规则，反倒会破坏她对规则的喜欢，得不偿失。具体地说，在孩子对舞蹈或游泳感兴趣的时候，和她约定要上多少个课时。如果每周2次课，5岁孩子最好不要超过4周，如果天天去，不要超过10天。如果完成了学习，家长要给予及时鼓励，然后继续约定。让孩子可以预知她还需要坚持多久才可以轻松离开是非常必要的。

其次，5岁孩子需要在游戏中学习规则。这个时候女孩子喜欢角色游戏，男孩喜欢动作游戏，父母要学习如何在孩子游戏的时候订立规矩，并让他体会到遵守规则时游戏就玩得快乐，不遵守规矩玩得就不开心，慢慢地孩子就能学会如何从规则中获益。

# 不要固化孩子的兴趣

令人担心的是，我们的社会已经把本身是对孩子科学兴趣、文艺修养、运动与身体素质的培养变得很功利，远不是在为孩子的身心发展考虑。仿佛要把每个孩子都培养成超常儿童那样去制定规则，忘记了大多数普通孩子需要的是用一种游戏心态和快乐原则去订立规则，因此牺牲了很多孩子的利益。当然，每一个父母都希望自己的孩子就是那个可造的天才，基于这种非理性的幻想，给孩子施压并逼迫他去坚持一个让他早已痛苦万分的"爱好"。

当然，我们要来考虑一些特定的情况，在孩子的群体里的确有这样特质的儿童，他们比较容易在很小的时候固化一种兴趣，并持续发展成为某一方面的天才。这样的孩子可能因为父母不能提供很好的条件和合适的督促而荒废了自己的天赋。不过，可以假定，即便是天才儿童，在到某种年龄阶段的时候，他还会把儿时缺少的玩耍补偿回来，就像他还会把成长的风景看完，不然成熟永远不能实现。另一种情况是，某些孩子虽然不是天才，却在环境和父母的精心培养下成为某种兴趣的天才，这是可能的，我个人相信这个世界什么事情都是可能发生的。有很多父母会抱有这样神话般的梦想来教导孩子，希望奇迹发生。家长要先问问自己是否具有这样的精力，能否提供适合孩子特质发展的好环境，如果可以，还要意识到孩子由此会失去很多儿时应该拥有的快乐、游戏空间和自然成长的权利，如何帮助他得到合适的补偿。

功利思想会自然认为，如果孩子在某一方面得到社会承认，他虽然失去了一些孩子的权利，却可以得到社会更多的精神与物质补偿。我们承认这些补偿对一个成人来说是重要的，它们代表着权利、财富、尊严和地位。不过，用建筑学理论来说，这个时候的辉煌是大厦的地面外部结构、设计和装饰，它的地基建筑可能永远是肤浅而不踏实的，它只是表面辉煌。

第 9 章

## 孩子这样发泄
## 是否太过分？

孩子的攻击性是一种生命的能量，如何把这种攻击性引导到身体锻炼、学习与社会竞争，父母需要多动一些脑筋。

我儿子今年 7 岁，上小学一年级，3 岁之前由奶奶照看，之后送幼儿园。在幼儿园时，就发现他比其他小朋友更任性难管，但当时我们还没有认识到问题的严重性，忽视了对孩子的早期教育和培养。

随着年龄的增长，他的脾气越来越坏，任性起来不依不饶，从不认错，不服输。

我们在此期间曾多次对其劝说、教育、讲道理，但都不见效果。我们对他束手无策，最后造成多次打他他也不怕，什么方法都不管用的结果。

他曾多次在公众场所或在家里，一旦不满足他的要求就大哭大闹，在大人身上抓、咬、撕，不顾一切，任意妄为，周边的物品抓着什么摔什么。为出气，甚至连自己的眼镜都多次掰坏。发泄后，从心理上他认为胜利了，才算罢休。平静下来，讲道理也知错，但下一次仍旧重演。

他对任何事情都满不在乎、无所谓。在学习上较为吃力，反应速度较慢。

现在，我们管起他来很吃力，很费劲。孩子不听话，任何事情都很难进行。

针对他这种现象，我们无从着手：是孩子本身心理有问题，还是孩子多动，或者是对孩子教育上的失败造成的？

7 岁的孩子还远不是可以做心性判断的时候，因此也不能说孩子的教育是失败的。从孩子幼年的发展来看，多少可以看到一些端倪。一般爷爷奶奶照看孩子比较重视养育，在规矩与行为的管理方面可能不会那么严厉。过去人们认为是老人太溺爱孩子，其实我觉得是老人的人生经历太多，价值观已经与年轻人大大不同，对大多数事物常常容易接受和认同，孙子淘也好，动也罢，觉不出什么对与错。很多父母不愿带孩子，反过来又抱怨老人溺爱孩子，这是很不公平的。

孩子的行为规则是从 2 岁时的教育开始的，精神分析理论认为，这个时候要让孩子在吃、喝、拉、撒、睡、玩中建立一种秩序，并对孩子按照规则行事给予及时鼓励，以强化他的自控能力，使他在遵守规则的行为中得到快乐并获得欲望满足。这样的教育一直要持续到孩子青春前期 11 岁左右。

在直线关系里，我们的确可以说孩子错过了规则形成的重要期，他已经 7 岁了，已经发展了一套如何对付大人和获得欲望满足的行为技术，用简单奖励或责打的方法也很难奏效，而且可能得出孩子的行为是教育的失败的结论。这个结论不管对错，对改变孩子确实没有多少好处，甚至是有害的。因为父母一旦形成这种观念，就会在管教上无意识地变得严厉，反而使孩子的反抗加强，执拗、生气、肌体行为就会增多，一旦父母感觉不可收拾被迫让步的时候，就强化了这些不良的行为，越想管教结果越糟。

这就是心理学经常关注的悖论情景。在解读这样的行为时，最好不去追索原因，就顺着当下的心情去感觉。孩子的动能很大，学习上静不下心，那么让他充分释放他的动能会怎样呢？培养他运动的才能，动手解决问题的能力又怎样呢？攻击性很强的孩子，可以让他去学跆拳道或足球、篮球等有肢体碰撞的运动。很多家长会担心这样孩子会不会更糟，其实大多数爱动的孩子动能释放到一个极点的时候，身体会主动偏向静的一面。（当然，多动的孩子这样做效果不好，此节内容也不适宜多动症孩子的家长。）对年龄更大的孩子，如青春期的孩子，父母如果比孩子还多动，孩子反倒容易安静下来。孩子的躁动也许是家庭情绪压抑的一种发泄。

孩子的欲求不满，遭到拒绝时怒不可遏，激发撕、打、破坏的行为，最好要预防为主，惩罚为辅。预防的方法是回避可能激发类似行为的场景，或采用拖延战术，如用"好孩子，等妈妈办完事就……""真傻！说不定前面还有好的……"类似的话岔开。或讲条件："可以啊，不过今天回去你得做……"让孩子感觉获得一些满足要相应地承担一些责任。他慢慢就不那么随意提要求了。当然，最开始可以让他回报一些容易做到的事，等他习惯这种模式后，慢慢提高行为代价。必须警惕的是让孩子的冲动行为升级，比如发展到破坏东西，此时父母宁肯暂时退让，因为很多行为一旦升级就会反复出现，甚至步步升级。孩子损坏了什么东西一定要他承担责任，比如一个月不给零用钱，不给玩具、零食等，在一段时间内要让他为自己的行为付出一定的代价。这个时候，心疼孩子可能会害了他。

另外，孩子的攻击性是一种生命的能量，如何把这种攻击性引导到身体锻炼、学习与社会竞争上，父母需要多动一些脑筋。大多数聪明且有天赋的孩子性格都有些怪癖，如果父母总是按照自己的价值取向与孩子纠缠、较量，试图把他变成一个行为上很乖的孩子，可能会消耗孩子这些动能，结果成年后孩子只能是一个平庸的角色。

# 帮他建立内心规则

　　孩子怎么建立内心规则呢？孩子怎么学习一个善意的、有道德的内心规则呢？就是小时候少用父母的规则去约束他，让他自己慢慢地在成人的过程中，在外面世界里建立起内心的规则系统。这个规则系统他是不会违反的，他从小就遵守，因为这是通过他自己的体验建立起来的，甚至包括体验痛苦，因此他就不会去违反。

　　当然我们也看到另外一种，即内心规则太多了，像强迫性精神症，就是大家不认为是规则的，他却认为是。这是一种特例，是由于特别的性格造成的内心规则。实际上我觉得有些伦理、道德是内心的规则，不是靠教化的，而是靠体验的。体验包括他被社会中遇到的一些事情感动。

　　5~10 岁是儿童建立规则的重要时期。5 岁以前，儿童不断尝试锻炼自己各方面的能力，只要不是问题太大的事情就让他做。5 岁开始我们要给孩子建立规则，孩子生气，妈妈会说你生气是可以的，但是你不能撕爸爸的书，那些书是爸爸的宝贝，你撕了爸爸会生气的，会打你。这个时候可以告诉孩子什么可以做，什么不可以做。有一个前提是，我们关心孩子，我们给孩子制定了很多安全规则，我们让 5~10 岁的孩子学习到什么是不能做的。

　　在 5~10 岁，要给孩子充分的自由决策和承担行为责任的机会，怎么来达成这些目的？我们只给孩子制定一个规则，在家里只定一个规则，在社会中也只定一个规则，孩子就有很多的能力和力量来形成他的内部规则，这就是属于孩子自身的规则。例如，这个孩子在家庭里面只有一件事情要遵守，就是尊重爸爸妈妈，只要求他这一点，此外他可以干任何事。再如，他去摸电，妈妈会说，这会让妈妈担心，而且会电伤你。这并不是支持他去做，而是告知这件事情妨碍了谁，孩子心中有一条规则是要爱爸爸妈妈，他就不会去做。其实他知道做了会很危险，对爸爸妈妈也不好。他不去做并不是爸爸妈妈的强行规定，而是因为他自己生成的规则，因为他要尊重爸爸妈妈。此外，我们还可以通过讲故事的方式让儿童理解尊重。

第 10 章

**怎样让孩子**
**养成好的学习习惯？**

要孩子养成爱学习的习惯，就不得不把所有引发孩子专注的行为、阅读、玩耍都看成是孩子的学习。对孩子来说，99％的知识不是在课堂中学到的，而是在生活中。

我的孩子9岁，男孩，上三年级。从一年级开始，所有主课老师给他的评价是聪明但实在是太令人头痛，上课坐不住，常做小动作引起同学的注意，在课堂上的作业就是不做，任凭老师以各种方式引导都不起作用，被罚到楼道和教室后面站还是没作用。把作业全带回家做时也要我们大人陪在边上催着做，三天两头老师找家长，全都是因为写作业慢。他喜欢数学，也全会做，就是马虎，认真就考100，马虎的话就说不好了。对科学、美术、拼插、橡皮泥类的有天赋也有耐心，架子鼓6级。他2岁就可以自己在肯德基交钱买吃的，4岁可以和面、擀面条自己下着吃，心地善良，非常喜欢与人交流，智商126。在老师的建议下我们还找了心理专家与他交流，认为他还是很有上进心的，但好了一阵又恢复原样。我知道他的坏习惯必须训练才能得到改善，于是给他报了个训练班，但去了发现都是适合小小孩的，只好作罢。小学是养成好的学习习惯的关键时期，我们现在真不知该怎么办了！北京有适合他这种年龄的训练班吗？

　　与众不同的孩子智力上也会有与众不同之处。对一个10岁以下的孩子来说，兴趣广泛、有爱好、有好奇心才是真正的学习能力。判断一个孩子爱不爱学习，我个人觉得不是他在学校表现如何、完不完成作业、喜不喜欢听讲、尊不尊敬老师，而是看孩子的求知欲。求知欲旺盛的孩子喜欢自己琢磨，对知道的东西重复学习很不耐烦，课堂纪律也不太好。生物科学揭示人的天赋能力主要是在艺术、绘画、色彩、结构、音乐、记忆力、数字等方面。在7岁以前，孩子是完全右脑性智力，主要体现在直觉与想象力、视觉敏感力、独特的联想与感觉等方面。这个时候，孩子的思维是感性的、发散的，可以归纳却不太会抽象思考。7~11岁是左脑智力发展阶段，包括抽象能力、推理、数理、线形分析、言语应用等。12岁以后，由于社会科学文化大多建立在理性的思维中，孩子更多需要依赖理性的思维。15岁以后，孩子会结合感性与理性两种学习方式，开始真正有目的和由自身动力决定的学习，这个时候孩子已经不需要学校与家长的敦促了。

对你的孩子来说，现在说他缺少好的学习习惯还为时太早。由于这时的智力是右脑性的，自然会对学校的理性教学产生厌恶与冲突，智力越高的孩子能量越大，折腾得越厉害，结果反倒成为老师与家长的麻烦。我个人觉得家长应在孩子10岁前充分发展孩子的右脑能力，如音乐、绘画、动手制作、想象，多带他出去接触大自然，不要过早让孩子沉浸在理性的知识里，也不要过早把一些科学结论告诉孩子，给他体验思考与困惑的权利与时间。其实孩子没有触及分析、归类、分类知识和因果逻辑，尤其是在还不太掌握语言时，他对自然的感觉是直接的，思考也是非言语化的，对刺激信息没有批判与删节，知识获取就比较快，也较个性化。当孩子通过言语把活生生的、复杂的存在改变成一种对立的简单，很大程度上孩子的智力是退步而非进步。如何让孩子右脑发展饱满，是决定孩子未来学习动力、成就、深度的重要前提。

　　要孩子养成爱学习的习惯，就不得不把所有引发孩子专注的行为、阅读、玩耍都看成是孩子在学习。如果评价标准只是学校的作业与成绩，那么孩子主动学习的能力、创造性思考，以及在学习中体验到快乐与享受的能力会被破坏殆尽。对孩子来说，99%的知识不是在课堂中学到的，而是在生活中学到的。只要孩子在从事这样的一类活动，要给予他一些特权，如父母保持家庭的安静，关掉电视，小声说话，让孩子感觉学习是重要的。对小学生而言，千万不要在学习上过多评价甚至挫败他，而要让他觉得学习是自己的事。

# 安全学习就自在

规则当然是从学习中得来的。孩子形成规则是在 5~10 岁，一个孩子模仿社会的规则形成的内部规则会终身约束他。如果小时候定了大量的规则，他已经完全没有能力形成自我的规则，一切都是服从。在东方，的确存在着教育是需要服从的隐含语言。内部不能形成规则的孩子只能够依赖外部规则，对规则敏感，渴望规则；但是当没有规则的时候，他就不知道该干什么了，因为他没有内部约束。从小被外部约束着的孩子，当外部的约束不再控制他的时候，他就变得没规则了。像很多大学生，在家里被很多规则控制住，学习很好；但是一到大学，爸爸妈妈不在了，规则丧失了，就突然不学习了。因为他内部没有形成掌控的规则，他不知道该干什么，过去学习是妈妈的要求，但是没有提醒他他就不知道自己要学。所以孩子在 5~10 岁时，爸爸妈妈有个很重要的任务，就是要让孩子有自由度地形成内在规则，首先爸爸妈妈要做好，儿童的内在规则是通过模仿来学习，不是通过强制来学习的，学习是他自然的需要，过度的外部规则会导致他服从规则，从而失去自己的决策能力。

规则的建立需要技术，我们把规则建立时父母的态度分成温柔和严厉、坚持和摇摆几个方面，如果用上下、左右两个轴线表达，可以分成四个象限。过于温柔，孩子不会照办；过于严格，孩子心理会受伤；过于坚持，会让孩子过度服从；如果摇摆不定，又基本上无法建立规则。我们需要用遵循"温柔地坚持"这种方式。允许孩子在特定的时候有例外，如过年、生日会是例外。还有，给孩子定规矩一定要少，太多的规矩孩子记不过来，定了也白定。孩子需要自己选择一些自己的规则，父母可以通过鼓励、奖励来强化孩子一些自发的好行为，这样的孩子会愿意按照好的行为来做事。学习上也一样，如果孩子喜欢学习，就会形成自己学习的习惯。父母在孩子学习的时候给予他尊重、夸奖和奖励，让他觉得只要自己在学习父母就非常高兴，并尊重他，慢慢地，他学习的时候就会身心愉悦。家长喜欢在孩子学习的时候教育孩子，这样会让他觉得学习是件苦差事。教育孩子要在孩子不学习的时候，学习的时候不去干扰他。只有让孩子在学习的时候情绪是放松的，这样孩子才会喜欢学习，觉得学习是安全的。

第 11 章

洗手都会
生气的孩子

犯过错的孩子比不犯错的孩子聪明，因为他有力量去冒险和尝试，我们要彻底改变儿童成长的观念，让孩子以自在的方式长大，而不是按教育通约的方式长大。

我的孩子 3 岁 10 个月，现在要求他吃饭前洗手他就会很生气，他会说我是坏妈妈，他不要我了，他要谁谁的妈妈。当我在给他洗澡碰到他时，他也会有这样的言语。刚开始我采取温和的方式告诉他，你这样妈妈很伤心，你可以发脾气但是要选择性地发脾气。可他不仅是言语上的攻击，还有动作上的攻击。有一天我实在忍无可忍了，我就把他关到洗手间里，他就哭着说妈妈我错了，后来又发生了这个情况，他不敢动武，可他的语言还带攻击性，所以我很奇怪。

　　我有一个策略，当孩子批评你、骂你的时候，你要装得没听见而走开，你不要把走开当成是说脏话的惩罚，你不要承认这一点，你的行为本身和他说脏话或者暴力行为匹配起来。让孩子自然地觉得每当他干了什么事情妈妈就走开了，不会理他，至少要等一阵妈妈才会回来理他。但不要告诉孩子是你说脏话我来惩罚你，这是一个负强化，他会觉得他可以操纵你。慢慢地，孩子会被这样的行为方式迷惑，他不知道他一说什么妈妈就走掉了，他不知道妈妈什么时候回来。我们要用智慧去陪孩子长大，要跟孩子玩"心机"，你说他错了，他会觉得你不爱他，千万不要打他。

如果要关他禁闭，就说："妈妈今天看到你这样不高兴，妈妈要关自己的禁闭。"你就在里面躲2个小时，他就不知道该怎么办了。我不主张妈妈惩罚孩子，尤其是5岁以下的孩子。他不理解，他是按照生物学本能的方式在反应的，他和妈妈这个关系里的体验都会印刻在他的心理过程中，妈妈用什么既让孩子安全，又让孩子意识到改变的方式是重要的，而不是通过惩罚，惩罚的方式只会让他说："妈妈我错了。"西方心理学有一个说法，惩罚会让孩子觉得伤害他的人都是跟他最亲密的人，慢慢他会形成在亲密关系中的不信任和害怕，长大以后这种模型会泛化到对待亲人的行为当中。我一定要提醒你们，这是"汪汪"，千万不要把这些言论当真，科学不能够代表所谓的个体。在心理学里面谁都是个体，书上说的都是没用的，心理学咨询的时候会在一种未知情景下工作，不用书本上说的去判断来访者，但是讲课的时候又只能讲书上的东西，这是很麻烦的。

在这里，不见得你做的什么事情会让孩子变糟，既然有通约的东西摆在那里，你就可以去看。在多元文化里，如果你的老公是被打大的，变得非常有出息，那你打他的孩子大多数情况下也不会有严重的问题，因为家族传承的教育方式比科学结论的正确教育更易适应。不过，如果孩子小时候接受了大量的西方思想教育，你就要小心了，打他就会引发他心理的痛苦。心理医生比较喜欢问家长，你们夫妻双方谁家的男孩更有出息呢？如果是父亲的，那么教育孩子就要多听丈夫的；如果是母亲家的男孩成长比较好，那么妻子就要坚持自己的教育观念。分析自己的家族成长史，会得到很多好的启示，因为这些信息来自你的家庭，也适合你的亲子教育。现在的心理学不再像过去那样用简单的归因论、决定论来思考，早期经历虽然会有重要的影响，但不是绝对的原因。现在医生喜欢用"分裂"分析，我们不再认为是早年爸爸妈妈干了什么伤了孩子，而是问发生了什么或者得到了什么观念，让他长大后回忆起早年爸爸妈妈对他做了什么导致内心受到创伤。青春期以后的儿子如果不知道心理学的创伤理论，他没觉得爸爸妈妈早年不带他是创伤，即便不开心，也会有自己的解释，比如父母很忙。学了心理学以后知道了创伤的理论，他会把自己成长中诸多的不快都归因在这件事情上，造成了一种创伤情结。当然，如果早年的疏忽给孩子带来身体的伤害，那么就一定会有心理的创伤。

不管小孩子干了什么，孩子毕竟是孩子，不要过于使用价值观去评判他。3岁半的儿童有攻击性，不一定是坏事。攻击性是生命发展的动力，动力强的孩子长大以后发展也更好一些。很早就发现，如果孩子到7~8岁一直很乖、很好管，在心理学上来说也许是动力弱的体现。由于我们的学校教育类似一种培养"吏"的教育，遵守规则、服从、按老师安排的做，这些教育的结构是不太认同孩子的创造力和动力的。家长内心都渴望孩子是"官"，不希望孩子只是一个随从。如果一个孩子是人就可以管着他，这样的乖孩子反倒让心理学家着急。我们说，生命的能量最初都是躯体层面来表达的，如果攻击性比较弱，孩子在今后成长中竞争力也相对较差。有时候反过来想，塞翁失马、焉知非福，儿童行为中的一些麻烦是真的麻烦，还是爸爸妈妈认为的麻烦？爸爸妈妈觉得麻烦不是从家系孩子的成长类型去看的，而是从书本通约的观念去判断。适合你的才是好的，通约的知识不见得是好的，所以要记住，孩子在青春期干了什么糟糕的事情，只要错误不是太大，都不是大事情。我的观念是，孩子小的时候要求他们犯他们年龄允许犯的错误，犯过错的孩子比不犯错的孩子更聪明，因为他有力量去冒险和尝试，我们要彻底改变儿童成长的观念，让孩子以自在的方式长大，而不是按教育通约的方式长大。

# 欲速则不达

　　现在做父母的，基本上只有一个孩子，不像教育了七八个孩子的爸爸妈妈那么有经验。只有生育了几个孩子的父母，才能深刻地理解孩子和孩子是不一样的，不同的孩子要用不同的方式去对待。社会往往只为我们提供了一两种亲子教育的"范本"，面对自己孩子诸多的不适应，许多父母束手无策。让孩子像孩子那样长大，允许孩子以他独特、自在的方式长大，为每一个孩子创造一个适合他的环境让他长大，这些似乎只是一些梦想。上面三者是递进的，我们现在能够做到让孩子能够像孩子那样长大就很不错。事实上这也很难，我们孩子的内心世界从小就被成人化的思想、行为、价值观念严重干扰，由此而衍生的儿童问题越来越多。中国古代有个寓言叫"揠苗助长"，言欲速则不达。然而，又有多少父母愿意等待孩子自然地长大，有多少父母不希望通过孩子来证明自己什么呢？孔子说人"十五立志向学，三十而立"，看来古人对孩子要有耐心得多。理想的社会一定最关心儿童的利益，儿童是世界的未来，只有让儿童得到社会的充分宽待，人类才会彼此尊重。我相信童心才是生命唯一的快乐源泉，爱儿童，也要珍爱我们内心里童心的那个部分。

　　我们常常会听到一些所谓神童的故事，却不知道神童的背后倾注了父母多少的心血。孩子的成长成为家长间的竞争，不知道这是否是一种悲哀。我敢说，那些过早被理性教育开发的天才们，是天才的凤毛麟角，有很多反而成为庸才、蠢材。5岁能背唐诗三百首的孩子，12岁时可能连认字读书都成问题。原因很简单，一朵蓓蕾你把它强行地掰开，所见的色彩虽然迷人却是昙花一现，而自然开放的花朵才可能维持长久的芬芳与娇艳。不过，相反的情形也不见得好多少。我经常会接待这样的孩子，大多是男孩。这些男孩有一个共同特征，即小时候有过较重的病，如癫痫或其他病，或体质柔弱，因而被父母高度保护。父母不愿意孩子再受到任何危险，甚至害怕孩子感冒。这个孩子不能像正常孩子一样成长，爸爸妈妈的过度保护形成一种功能替代，孩子也没有必要长大了。这很像庄稼（麦子、玉米、高粱等）施肥过多，叶、杆老是青青的，好看是好看，但果实成熟晚，错过收割期，雨水一来全都烂在庄稼地里。被父母替代着长大的孩子看起来很懂事，却也因为懂事，反而觉得他不那么像孩子。

第 12 章

## 爱发脾气
## 的儿子

父母有一个重要任务就是帮助孩子的情绪成长，比如让孩子能够识别自己的情绪，帮助孩子选择合适的情绪表达方式，促进孩子养成自我疏导与管理各种情绪的能力。

我的儿子5岁了，非常爱发脾气，可是惩罚他又让我产生犯罪感……

　　当我的儿子发脾气时，我总想给他一巴掌，然后把他关在房间里。可这样做没有什么用处，而且我还会产生犯罪感，不知道该怎么办。

　　5岁的孩子正好是需要发脾气的时候。不仅如此，在体验安全、快乐、满足、友情、信赖、亲密与依恋的同时，他还需要体验愤怒、敌意、悲伤、抑郁、挫败、不诚实、破坏、执拗、疼痛、饥渴与寒冷等情绪。5岁孩子正面临情绪发展的重要阶段，也是最初阶段。而一个人的情绪能力恰好是他个性、情商、情爱能力发展的温床。这个阶段父母有一个重要任务就是帮助孩子的情绪成长，比如让孩子能够识别自己的情绪，帮助孩子选择合适的情绪表达方式，促进孩子自我疏导与管理各种情绪的能力。最终帮助孩子在成长的过程中逐步形成可以自如地在合适的地点、合适的时间表达合适的情绪。

　　妈妈想惩罚孩子，可能是自己头脑里认为无端发脾气是一个坏习惯，或不制止它孩子会越来越糟糕。其实这是想当然。孩子乱发脾气是他不知道该如何表达他的情绪。当他发脾气时，感觉对父母牵制比较大，于是他就接着这样干，并乐此不疲。孩子这样的情绪现象是有心理学意义的，5 岁孩子正处在与父母的依恋分离期，一方面他要随心所欲、自行其是，不愿意再受父母管束；另一方面他又想继续依赖父母，恐惧父母离开自己。这是一种双向冲突，孩子出现情绪不稳、发脾气意味着一种对父母的关系控制。

对策是告诉孩子发脾气是一种生气，一种愤怒情绪的暴露，还要告诉他生气的时候内心是很难过的，一点都不好受。这个过程是识别。静静地，甚至可以微笑着看他发一会儿脾气，5 岁孩子最多两三分钟情绪就会结束。情绪的结束往往会让孩子感觉疲惫，告诉他发脾气可以不那么久，妈妈听你嚷一句就知道你要什么了，生气太过人就没有精神了。这个过程是鼓励情绪节制。然后告诉他生气的原因是什么：愿望没有满足，如想要什么东西却未能如愿；遭受一种限制，比如必须按时起床吃饭；失去了某种快乐，喜欢的电视节目停播，没人陪他玩或大人只顾自己的事；遭受挫败，搭积木失败等。让孩子把发脾气和可能的原因结合起来，这个过程叫联偶。告诉孩子哪些情况下发脾气是可以的，哪些情况发脾气也没有用。尤其要跟孩子说在某些情况下，如果不发脾气，好好跟妈妈说，你的愿望更容易实现，这个过程是选择。最后，妈妈要模仿情绪给孩子看，如何适当地表达愤怒，这个过程叫管理。

对乱发脾气的孩子这样做还不够，乱发脾气的孩子一定是惯常通过发脾气来获益的，所以当孩子发脾气时，妈妈就走开，干自己的事。等孩子发完了装作什么都没有发生，更不要批评他。因为在某些时候，批评也是一种亲密获益。而孩子态度和蔼地要求什么，妈妈立即满足，哪怕要求稍有些过分，为了抑制他的脾气也要满足，让孩子觉得好好说话更能实现理想，这个过程叫消退。

# 学会识别情绪

5~10 岁是一个孩子形成行为、情感模型体系的时期。让孩子理解情绪，不要对情绪做价值判断，不要说这个是好事情，那个是坏事情。哭、悲伤、愤怒是人自然发生的情绪，要让孩子学会认识这些情绪，不要批判他，不要说愤怒是错的，对人有敌意是错的。例如，你告诉儿子，你可以哭但是不要一哭就停不下来，这样别人会笑你的，这是可以的。儿童的情绪是一个复杂的体系，在这个阶段，要让孩子对情绪进行识别，认识情绪的角色。

生命本身蕴含着情绪，情绪是一种生命能量的体现，中国文化更接纳情绪的自然性，把七情六欲看成是生命需要并且是自然的东西，不要过度、不要压抑就很好。家长对孩子不同情绪的态度要东方式的，不要在社会情绪分类上考虑过多。孩子毕竟是孩子，只要他不同的情绪都能发展饱满，到成年的时候，他的情商自然会过得去。家长要允许孩子的情感自然变化与流动，哭的孩子你不哄他，他也会停下来，这是一个自然过程，下一次哭他会有自己的调整。如果一哭就哄，不去哄让孩子感觉哭这件事好像没有结束。让孩子知道愤怒不会是永远的愤怒，高兴也不会是永远的高兴，情绪像水一样是变化且流动的。

5~10 岁是建立孩子的心理结构发展期，也是人际、社会、能力行为发展的重要期，这个重要期被很多父母忽视了，孩子 10

岁之后再去补救、教育就难了。妈妈和孩子在共生阶段会产生共情，妈妈可以告诉孩子要心疼小动物，孩子把小草折断后，妈妈会说小草会疼，孩子通过这种投入去感觉别人，孩子就比较善良，不会去伤害别人。

第 13 章

**爱哭闹
的女儿**

　　哭与笑是一种情绪的流动，爱哭的孩子与爱笑的孩子都是
情绪饱满的。情绪是一种能量，有情绪的人能量也充沛。对孩
子而言，哭是磨砺内心的细腻，笑是培养性格的豪爽，不哭不
笑的孩子反倒需要我们关心。

我的女孩才 5 岁，特别爱发脾气，一点不顺心就大吵大嚷，哭闹个不停。有时我们不得不很严厉地对她，才能控制得住。我们该怎么办啊？

　　孩子的脾气一定隐含着一种意义，最通常的解释是，这是一种分离性焦虑所致。5 岁的孩子最担心父母会不爱自己，离开自己，也害怕父母有哪怕一点点小的争执，因为一切不好的信息都会加重孩子的焦虑。对父母言语、行为、情绪的敏感是女孩子常有的通病，哭是一种焦虑发泄。你孩子的哭更像是一种压抑的焦虑发泄，不知道母亲是否经常出差，或父母工作都太忙，不怎么在意孩子的内心需要。处理的方法是父母要表现出离不开孩子的样子，经常抱抱她，两个人可以争来抢去要和女儿亲近，离开一天也要专门给孩子打个电话，亲自对她说非常想她，等等。当孩子渡过分离焦虑期，她的自我能力就开始发展起来。

　　第二种解释是孩子对父母的关系控制。这样的孩子在幼儿园很乖、很老实，也很懂事。回到家就变得不乖、任性、不懂事。哭闹是一种对父母的惩罚，比如自己在幼儿园没有得到父母照顾，回家就要求过度补偿，不能满足就以哭闹来要挟。处理的办法是，在孩子乖的时候，父母就围上去分享好的情绪；在孩子不乖的时候，就各自走开，对她说："宝贝，现在你不开心，我们待会儿再来和你玩。"当然，刚开始的时候会遭受孩子的反抗，哭得更响更久。只要温柔地坚持，让孩子知道这样哭闹无效，聪明的孩子自己会改变。

第三种解释就是情绪压抑，比如孩子不幸遇到一个很严厉的幼儿园老师，在那里不能活动、喊叫、折腾，很多旺盛的精力得不到必要的发泄。回到家后感觉哭闹是最快速的发泄，于是就这样没完没了地干了。有个判断标准是，她哭闹的时候精神是昂扬的，当你斥责她后，她的神情黯淡，人也蔫了，半天缓不过气来。这种情况父母绝不能打骂她，反而要关照她，只要是人都知道，人在安全的环境中更容易哭，哭是一种心理诉求。家长可以慢慢把哭这种情绪发泄引导到其他的事情上。例如，家长可以让孩子学习跳舞、唱歌、大声朗读，这些都可以抒发心情，也可以鼓励她在外面与别的孩子疯玩、游戏、竞争，既调整了情绪又增加了社会适应，何乐而不为呢？

# 情绪是一种能量

我们的认知惯性或思维惯性经常跟我们开玩笑，我们认定一个人是爱哭的，对他其他的情绪信息就视而不见了。当他哭的时候，我们的感受是："他又哭了，总是这样……"这种想法被反复强化，我们的知觉被重复的感受催眠了。

哭与笑是一种情绪的流动，爱哭的孩子与爱笑的孩子都是情绪饱满的。情绪是一种能量，有情绪的人能量也充沛。对孩子而言，哭是磨砺内心的细腻，笑是培养性格的豪爽，不哭不笑的孩子反倒需要我们关心。父母要想想，孩子的情绪在哪里呢？把不哭的孩子惹哭，把爱哭的孩子逗笑，只要父母有心，就做得到。当然，起床时哭的孩子有时是闹觉，没有睡醒，或者醒了不想起来。哭有时是一种愤怒，不是悲伤。最好不要把哭看成是对母亲的控制，如"爱叫的鸟儿吃得饱"，如果你这样想，会失去足够的忍耐力。当你认定孩子无理取闹，表面上是哄他满足他，内心却烦恼着。孩子很敏感，你骗不了他，他太知道你行为后边是什么。因为孩子是感觉着你，不是理解着你，有时正是你掩藏着的不满让他哭个不停。用抚慰手段哄孩子，哄不好又凶他，小惩罚他，让孩子处在一会儿被哄、一会儿被骂的情景里，他会无所适从。哭的时候微笑着看他，做自己该做的事情，等着他收声。不试图抚慰他，也决不批评他，充满爱和温暖地伴随着他，看看这样做，孩子会不会有些变化。

第14章

遇事总是
爱紧张的孩子

有些时候，孩子的行为或情绪本身是一个小问题。我们试图改变它的时候才发现，它并不是那么容易改变的，孩子也为此感觉很紧张，结果问题才变大了。

我儿子今年6岁，我觉得他一遇到什么事总是过分紧张。

下面是几个例子：

例1：前些日子，我带他参加小学入学考试，其实这种考试没有什么难度，可在此之前好几天，他就紧张得不得了，总是问我："妈妈，老师会提什么问题呀？""要是老师提的问题我答不上来怎么办呀？"

例2：他的视力不太好，每次检查视力之前，他就会害怕。一到医院，他就开始紧张，连平时能看清楚的位置都看不到了。越是这样，他就越慌，嘴里还念叨着："我不敢相信自己的眼睛。"我们怎么安慰都不行，结果出来总是不理想。后来我们托认识的大夫帮他查了一下，可能是这个大夫比较和气，检查出来的结果要好得多。

例3：他一直在学琴。平时在家里的时候，他练得也不错。可到老师家里，如果在哪个位置一弹错，他就慌了，老师说的话，他根本听不进去。越弹越错，越错越弹得慌慌张张的。

例4：他挺喜欢玩电子游戏的，可每次都是看他爸爸玩，我们一让他来玩一会儿，他就直摆手，说怕玩不好。有一次，他爸爸有点不高兴了，逼着他玩了一次，他硬着头皮玩，结果玩完了之后，他的小手冰凉，看来真是紧张坏了。

平时我也总觉得他心事重重的，遇事特别爱往坏处想。比如有时候他想看动画片，不是直接提出请求，而是说："我就知道妈妈不会让我看动画片的。"像上次去参加入学考试，他就说："我觉得自己考不上。"

我和孩子的爸爸的性格是完全相反的，我就是一个紧张型的人，遇事爱往坏处想，小时候一到考试就比较紧张。虽然随着年龄的增长，学会了一些调节的方法，但每次遇到重要的事，如考试等，我都会充分地准备，哪怕这种准备在别人眼里可能都显得比较过分了。

但我的先生性格完全相反，他无论遇到什么事都紧张不起来，凡事都想得开。

有时候，我就想，如果孩子多像他一点儿该多好。现在社会竞争这么激烈，一个好的心态是非常重要的。如果遇事过度紧张，生活该多累呀！

可我们该怎么做，才能让他学会放松呢？


这位母亲写下这些文字的时候，紧张焦虑的心态和孩子几乎是相似的。不过，我感觉孩子的问题有三个层面的原因。一是孩子总是和母亲比较亲，容易与母亲产生深度共情，母亲的焦虑会自然地传递给孩子，甚至母亲还没有对自己紧张情绪有所觉察的时候，孩子已经明显地流露出担忧来了。行为理论认为，6岁孩子的主要行为与情绪色彩主要是通过对父母的模仿学习来的。古话说有其母必有其子，看来此话不虚。

这是一个很有意义的现象，情绪的传递在家庭内部是最普通不过的事。比如，父母中的一方因工作压力大，回家后心情不好，另一方就会约束孩子的言行，并通过共情来帮助对方疏解，孩子也会停止嬉闹来与家庭气氛协调。越小的孩子越会发展一种心灵感觉，当父母心情紧张、焦虑、害怕、担忧的时候，孩子也紧张与害怕。

判断的方法很简单，偷偷观察孩子单独一个人的时候，是否也情绪不稳定；或者孩子单独与父亲在一块玩耍时，是否也像跟母亲在一起时那样慌张。如果后者孩子的表现蛮正常，那么说明孩子的情绪色彩是与母亲互动呈现的，孩子自有一套适应双亲情绪的能力。如果单独的时候孩子也缺乏信心和焦虑，那么说明母亲的行为方式也影响到孩子，需要在互动关系上做适当的改变来帮助孩子调整情绪。

二是孩子的身心发展是从对外部世界的逐步探索中进行的，开始的时候战战兢兢、担忧害怕是一种常态，需要父母不停地鼓励来维持他对外部世界的适应、兴趣和努力。这本是孩子心理、情绪、行为发展的必由之路。如果母亲用自己紧张的心态去观察孩子，看到的问题其实是母亲自己的问题。想想母亲被焦虑浸染了的眼睛，像一个人戴了一副有色偏光眼镜，把原本正常的世界全都染上了眼镜的颜色。

更糟糕的是母亲坚持用自己的观察来描述孩子，让孩子被迫认同，并无意识地适应或表现出被母亲描述的样子（被建构）。6岁以下孩子的心性可塑性很大，仿佛一块泥，如果你总用一个模子去套，那么孩子就改变成那个模型。问题是被描述出来的，同样的行为，父母也可以通过描述去解决。例如，当孩子紧张的时候，故意夸奖他，说："我们的孩子真谦虚，明明会做，还是保持谨慎！"结果会怎样呢？不要以为孩子会更紧张，恰好相反，孩子的紧张行为被父母认同，孩子会觉得这样的紧张是正常的，反倒不紧张了。我对要高考的孩子说："紧张是好的，任何竞赛前，人都是紧张的，紧张才能让人集中心智和躯体能力。"认同了紧张，紧张就不再那么妨碍自己了。

三是母亲对孩子的帮助往往构成一种悖论情景，用焦虑色彩的行为去改变孩子焦虑的毛病，这不仅于事无补，反倒是火上浇油。有点像以暴制暴。面对孩子的焦虑，母亲自身需要率先改变，如果你不能，那么就由父亲来帮助孩子，这样才能使孩子的言行情绪更像父亲。

## 淡化某些观察

其实七八岁的孩子有很多怪异的行为——父母亲觉得怪怪的，但是他本人不觉得有什么问题。很多孩子的问题都是被父母不恰当的观察发明出来的。当爸爸或者妈妈逼着孩子去解释一个奇怪的行为时，孩子可能会说出一个解释，这样的解释可能吓着父母，以为孩子怎么了。其实孩子这样的解释没有什么意义，只是应付父母而已。有的孩子一紧张就尿尿，尿尿可能让孩子放松，不那么恐慌。如果家长说他尿失禁，带到医院去看就是大人用自己的心态去判断孩子了。孩子的某些行为方式被父母用紧张来解释，可能会让孩子认同这种紧张，然而原本孩子并没有在意。小的孩子不能够真切地识别内心的恐慌和害怕，会通过变相的行为方式，或者某种仪式去减轻这类情绪，如果他这样做了仿佛就抓住了什么，心里产生一种确定感，紧张就好一些。有些时候，父亲家的孩子都具有某些奇怪的特征性的行为，长大后会慢慢消失。父亲生活在这样的家庭，不会觉得奇怪，但母亲来自另一个家庭，小时候没有这样的行为，也没有忍耐这样古怪行为的心理能力，这个妈妈就会强烈地感觉孩子有问题。当她试图去纠正孩子并改变孩子的行为习惯时，孩子就真的有了问题。心理学经常说"父母好心办坏事"，正是这样的情形。

如果一个孩子在没人的地方，比如在一个角落用一个隐藏的方式做一个古怪动作来安慰自己，本不是让你看的，如果你不去注意也不会着急。学校老师也许根本不去注意，即便看到也不会感觉怪异。因为在有人的时候他的行为完全是正常的，也没有影响到这个孩子的社会交往和学习。对孩子个人的一个奇怪行为，不必过多去解释，也不必急着去改变，先看一看，等一等，弄明白这个行为是否真的妨碍他，如果一切都好就不要管他。如果这个行为给孩子带来一些社交或者学习的麻烦，也不要提醒他是这个行为导致的，而是开始帮助他建立一个行为边界，就是让孩子知道在什么时候、什么地方、什么人面前这样的行为是可以的，在别的情况下这样做会给自己带来麻烦。不要说这个行为本身是错的、病态的，只是不合时宜而已。这样孩子不会对自己的古怪行为有太多关注，改变起来也相对容易得多。如果父母认为是问题，那就会创造这个问题，或者把问题变得严重。

其实生活中很多现实都是这样的，有些自动行为我们觉察到它的时候已经过了 20 年了。比如说有一个人有强迫性的性格，他每次进门的时候总要碰一下头发，他觉得在关门的时候碰一下头发才代表这个门是关好了，20 年他都是这样生活的，他从来没有为这个事情痛苦，因为他认为这是他的一个习惯，关好了门，锁好了门，上班的时候碰一下头发，这就是一个习惯，所以他这样想。但是有一天他看到一本书，书里写道如果一个人总是重复一个行为的话就是强迫症，然后他就赶快问他太太："我像不像强迫症？"他太太说："其实我很早就怀疑你是强迫症。"完了，20 年的快乐生活突然就会灰飞烟灭，他说："我得了 20 年的强迫症，我现在是病入膏肓，我要治疗。"所以他开始吃药，一吃药，工作就丢了，因为他不得不老跑医院。

所以有些时候，孩子的行为或者情绪本身是一个小问题。我们试图改变它的时候才发现，它并不是那么容易改变的，孩子也为此感觉很紧张，结果问题像滚雪球一样越滚越大了。

第 15 章

**怎样才能让**
**他的眼泪少一点儿?**

男孩子爱哭,本身不是什么大不了的事。因为哭对孩子来
说是一种重要的情绪表达方式,它的内涵随孩子年龄的不同而
不同。

我儿子今年已经 7 岁了。都说男孩子皮实，可他最大的特点就是太爱哭了。比如和爸爸下棋，刚吃了他一个马，他就开始撇嘴；帮他检查作业，刚检查出两个错，他的眼泪就已经下来了。在英语班时，小朋友回答问题时出错，老师会拿一个小塑料锤敲一下。别的小朋友被敲多少次都没事，他只要被敲一下，就在那儿抹眼泪。

　　最让人受不了的是，他有时候甚至因为一点儿小事，就在公共场合哭得惊天动地。

　　不知道爱哭是不是遗传，我小时候就是一个爱哭的女孩儿。可不管怎么说，人们对女孩爱哭好像容忍度会高一些；男孩子爱哭，有时候在小朋友的群体里也会让人笑话。有时候，和小伙伴一起玩时出现一点儿小纠纷，别的孩子已经没事人一样欢欢实实地玩起来，儿子却抹眼泪抹个没完，我是急不得恼不得。

　　我们为了让他少哭点儿，没少苦口婆心地讲道理，比如告诉他，他已经是大男孩了，男孩子总是哭，是件很丢脸的事。

　　或者在跟他下棋之前，先让他保证不哭。这时他也保证，但事到临头，就忍不住了。

可如果来硬的，强令他不许哭，他的眼泪会更多，根本止不住。

有人说这孩子心事重，自尊心又强，所以爱哭。可我觉得好像也不完全是这样，因为有时候看着他哭得很伤心，可刚转眼，他就已经眉开眼笑地关心别的事了。

比如有一次，因为我们和朋友一起吃饭，没有让他点菜，他就开始"哇哇"地哭着说："为什么不让小孩点自己爱吃的东西？"可哭着哭着，菜上来了，他立刻抹抹眼泪，指着其中一个菜说："让我看看那个。"好像刚才哭得悲痛欲绝的根本就不是他，搞得我们哭笑不得。他爸爸跟我说："这哪是心事重重呀，整个一没心没肺！"有没有什么方法，能让他的眼泪少一些呢？

男孩子爱哭，本身不是什么大不了的事。因为哭对孩子来说是一种重要的情绪表达方式，它的内涵随孩子年龄的不同而不同。1岁的孩子哭主要是饥、渴、冷、尿的诉求。2岁孩子的哭主要是亲密需要，害怕孤独。3岁孩子的哭主要是欲望没有被满足。4岁孩子的哭是害怕走失，或不被父母喜欢，也许只是喜欢哭。5岁的孩子哭是追着哭，大多为了控制关系，常常哭给那个最亲密的人看。6岁孩子的哭是委屈的情绪，有时是愤怒不能自如地表达。7岁孩子的哭就比较符合哭的文化定义——悲伤。当然，对女孩子来说，自艾自怜的情绪可能引发哭泣，男孩子受到无端欺负或被大人忽视，又不能用愤怒来表达时，哭是情绪释放比较安全的选择。

如果 7 岁的男孩子爱哭一定有一些原因的话，那么可能的原因有这样的几种。从孩子情绪发展来说，最大的可能是孩子的情绪能力偏向，哭的情绪被大人过多关注和强化，哭让孩子间接地从关系中获益——每次哭的时候，孩子成为关注的中心，内心得到满足。而孩子的其他情绪，如愤怒、争辩、生气、抱怨、冲动行为被高度忽视和否定，无意识让孩子感觉那些情绪表达是无效的。小孩子对情绪的选择只会是有效和无效，而不可能是对与错。当他到 7 岁时，尽管知道哭不那么好，也不再能从中获益，但哭的情绪类型仍以惯性的方式在支配着他。

从家庭关系理论来说，男孩子爱哭，有时不是男孩子自己的事，如果孩子有一个内心压抑、情感丰富、多少有些神经质般多愁善感的母亲，孩子的哭是一种与母亲的共情，孩子无意识在模仿和帮助释放母亲内心的情绪。而父亲缺少男性化引导和缺少参与孩子的游戏，也缺乏觉察，用哭这种情绪来贬抑孩子，心里希望孩子男性化，行为上对孩子的男性化倾向——冲动、冒险、鲁莽、攻击又大加责罚，这会让男孩深陷两难情景，情绪类型结果被女性化（安全）。精神分析可能会说，是父亲害怕孩子的男性气质对自己权威的潜在威胁，无意识在精神上阉割了孩子。不过，这样的说法我个人不是很喜欢。

如果我们摆脱因果关系的链条，那么我们立即会发现孩子爱哭本身是没有什么的，只是大人们以为有什么。人类的婴儿有各种情绪潜能，也许这个孩子对哭的方式比较偏好，也善于利用哭的方式。也许另一个孩子爱笑，挨打受气也笑得出来。只是我们的文化给予我们很多的禁忌，如男儿不能好哭。男孩的自然的哭的情绪被文化贬低了、禁止了，结果男儿有泪不轻弹，牙齿打掉咽下肚。生物学说，眼泪会排泄身体的有毒蛋白和有毒情绪物质，爱哭的人不容易夭折或早衰，女性寿命长也许正是因为女性不压抑情绪的表达。英国科学家建议男子每周痛哭一场（看悲剧），来治疗冠心病和高血压。

要让男孩子的眼泪少一点，唯一可以做的就是在他哭的时候装作看不见，也不关注。甚至把孩子的哭游戏化，赞美他哭起来很美，让他觉得继续哭一点意思都没有，孩子的哭神经慢慢地就不那么兴奋了。

# 给孩子的礼物——感恩、敬畏、宽容

感恩、敬畏、宽容是父母能给孩子的最好的礼物。

第一，要帮助孩子建立一颗感恩的心。感恩的心源自宗教的一个理念，是让孩子学会感激。《黑暗的呐喊》是一位美籍华人写的，写了一个有心理障碍的孩子。我们一直试图用感恩的心感染那个孩子，因为他非常有攻击性，经常说脏话，攻击美国的社会，甚至骂当时的美国总统克林顿，说了一些"该死"之类的话等。但是当时没有办法，我们就给他灌输很多宗教的东西，每天让他读《圣经》。后来我为他写了一个序，让他学会感恩，学会感激别人，每天有一颗心存感激的心，这个从小就要建立。因为西方文化本身是倡导博爱的文化。

第二，要学会敬畏。敬畏的心是要从小到大装点的，爸爸妈妈不懂的就是不懂，不要不懂装懂。如果一件事情爸爸妈妈确定不了，如韩剧，当父母对电视剧不理解，或者是没有看到，只是听了一些评论，而女儿问你的时候你就开口否定她，这就是没有敬畏之心。敬畏之心就是说某些东西如果不知道，我们就不要随意评价它。要让孩子从小感觉到对不知道的事情要表达一种尊重，说"我不知道"，不随便去评价什么。这样的心态比较好，实际上孩子在成长过程中往往出问题是由于他不敬畏什么。

在古代文化里，不敬天地、不怕鬼神的人实际上是很可怕的，这样的人没有什么道德意识，不容易形成一种良好的道德观和伦理观。现在虽然是无神论主导，不信鬼神，但是不一定是我们不需要有敬畏之心，比如对一些人、对一些权威，我们要学会尊重、尊敬。比如对老师，我们当然要尊敬、尊重他，这就叫敬畏。

人类不可能了解整个大自然的东西，包括我们的视觉、听觉、感知觉，我们和某些生物体比起来，我们对自然的感知有很多缺陷。我们常常认为我们什么都知道，什么都在自己的掌握之中，那就是缺少敬畏之心。而没有敬畏之心，我们的科技就不能发展，就不能发达。

第三，建议家长从小帮助孩子懂得宽容。宽容，简单地说就是在车上别人撞你一下，你要学会说"没关系"。这种宽容之心实际上是整个民族的品质，这个品质都是小时候由爸爸妈妈来倡导、影响、给予孩子的。

不管是感恩、宽容，还是敬畏，如果孩子小时候被爸爸妈妈潜移默化地灌输了这样一些感受，相信你的孩子长大以后会非常好，跟这个社会非常融洽；不会出现什么心理障碍，也不会出现行为方面的一些困境，一定很容易和人交往，因为他有感恩、宽容、敬畏，因为他知道这个社会不是他一个人的，他需要感激更多的人。这是东方文化的精髓，而不是西方的。

家庭是孩子成长的"摇篮"，不少父母在养育和教育孩子时，容易忽视孩子心理与行为发展的循序渐进或个性需要，急切期望按照社会的模子去"克隆"一个好孩子，这种削足适履的做法会让许多孩子生出问题来。

下
篇

孩子
是家庭中的孩子

## 家庭与孩子的冲突

孩子是家庭中的孩子，但家庭与孩子之间却存在着我们看得见的冲突。孩子与父母关系中的种种困境，并不存在真正的是非对错。我们的目的是想通过对家庭关系的多样化思考，以及心理医生在解决问题时的不同切入点来找寻一条适合读者自己的、有利于孩子身心成长的方法。重视问题产生的情境、问题被维持的条件以及问题怎样改变家庭现实和家庭规则。在这一篇里可能会更多涉及孩子或者家庭的问题，读这本书的家长一定要有心理准备，书上说的内容不一定适合你与家人，如果你们遇到的问题也正像书中谈到的那样，也不等于你们真的处在麻烦中。心理学历来把症状或者问题看成家庭的救星，一个家庭允许问题存在本身就比那些把问题潜隐下来、害怕面对问题的家庭要有勇气。我们要有勇气说："感谢家庭的问题（纠结、麻烦、痛苦），让我们都有了正确的方向。"

家庭治疗理论的主体是结构式的家庭治疗，结构派理论的大师叫萨尔瓦多·米纽琴（Salvador.Minuchin），他是一个生于阿根廷的犹太人，成年后在美国学习儿童精神病学并接受精神分析训练，执业于纽约工读学校，专门辅导有行为问题的青少年。他观察了许多生活在社会底层、濒于贫困、家庭关系僵硬的家庭（大多是黑人家庭），创造出一种通过对家庭内部规则、权力等级、亲子互动方式的重塑来帮助家庭获得改变的治疗方法——家庭结构治疗（Structural Family Therapy）。他认为良好的家庭既有明确的权力等级又有充分的关系互补。

米纽琴认为，家庭功能失衡是孩子出现适应障碍的原因。最常见的家庭功能失衡的原因如下：

（1）情感纠结：家庭对外界限僵硬封闭，内部却纠缠不清，父母子女彼此依存，离了谁都不行。我们经常看到十几岁的孩子还必须对父母言听计从，孩子的问题也全部得由父母来承担。

（2）关系疏离：这样的家庭缺乏家庭的权力核心，各自为政，成员间关系僵硬分裂。由于无法自如地彼此表达爱与关心，无法预测对方的行为，也无法形成有效的互动关系。家庭对外界限不清，任意让许多无关的人士卷入家庭事务，无法协调一致地来处理外部信息与压力。

（3）三角关系：如母子父子联盟，父亲或母亲通过对孩子的情感联结来对抗另一方；跨代联盟，爷爷奶奶通过对孙子的控制来制约儿子儿媳。

（4）迂回关系：父母表面看起来相敬如宾，实际存在沟通障碍，孩子会呈现问题来吸引父母的关注，减轻父母间的压力，形成家庭内部的统一。

（5）循环冲突：父亲抱怨太太不关心自己，太太抱怨孩子的麻烦太多，孩子抱怨父亲不喜欢他。结果是父亲惩罚孩子，导致父子关系更差；孩子为难母亲，让母亲的教养更难；母亲迁怒父亲，使夫妻关系更加恶劣。

上述现象对家庭系统功能都有一种破坏性力量，家庭失规则，权利被修改，交流被阻断，成员间彼此诸多适应不良。在这部分，我们会一点点地讨论如何观察和解决这些家庭中的问题。在阅读之前，还是要提醒你，米纽琴的理论并没有涵盖美国上层社会的家庭生活，在许多有文化的、经济富足和社会地位优越的家庭中，家庭的冲突会因为需求的层次不同而明显不同。很多家庭治疗理论认为，问题正是这些家庭所追求的，比如洛克菲勒的子孙都必须寄养在贫困家庭中度过 12 岁，这会让心理医生很疯狂。同样还要提醒你，心理学的理论建立在 100 年前，家庭治疗理论有 60 年，这些理论本身没有涵盖现代的生活、文化、社会的变革，不能照搬。同时，创建这些理论的人未曾生活在中国，尤其是改革开放后的经济高速发展的中国，这些理论是否有用真的不好说。所以，建议家长用理性态度去阅读，好用就信，不好用就忘掉。想想今天，我们的孩子生活在稳定的社会环境中，安全满足；独生子女独享父母亲友的爱，依恋满足；物质丰富，吃穿不愁，物欲被过度满足；所以我们的孩子是在一种类似自恋状态下成长起来的，这种夸大的自我感会在与父母的互动中被稳定和形成，一种以健康自恋的状态而逐渐成熟的人，既坚持自己又欣赏别人。20 世纪 50~80 年代出生的人，生活的环境让他们对批评和表扬敏感，因为他们需要自我认同与社会认同。我们的孩子可能不再需要任何认同，对批评表扬也不在意，因为他们的内心从小就完美且饱满，以充满好奇和未知的心态陪孩子长大，并分享他生活和生命的快乐与烦恼，是当今父母最需要做的事！

另外要提醒读者，本篇中会出现一些心理学词汇，别担心，它的后面会有一个讨论和个案供家长们理解，在此先对读者说声抱歉！

第 16 章

婚姻倾斜，
孩子走向两极

我常常观察到一个家庭中母亲的角色感太强，使父亲在孩子成长中的作用被弱化，甚至被迫游离于家庭的亲密关系与教养关系之外。

孩子在成长的过程中将这种倾斜关系视为正常，失去拥有平等关系的能力，要么依赖，要么强权。

在孩子早年的心理发展中，母亲的作用远大于父亲。想想孩子是从母亲的身体和怀抱中逐步地分离出来的，你就相信这样的观点没有错。与母亲的关系几乎决定了每个人内心是否具有足够的安全感、亲密感、快乐感与成长动力。而父亲却是他最初的成长和自我认同中重要的伴侣和领路人。

心理医生在面对患有神经症性冲突（恐惧、抑郁、焦虑等）和行为紊乱的成人和孩子时，需要对其早年母子或母女关系进行细致分析。结果我们往往能找到一个很严厉、很正确、很负责任的母亲，或者类似严母般仔细的父亲。和这样的家庭打交道，要说服母亲给予孩子犯错误、说"假话"、干"坏事"的自由有时比登天还难。因为这样的母亲肯定是一个很讲道理的人，做事总在理上，而且勤勤恳恳，当母亲、太太也当得很认真。和她们说话，你常常感觉有点气短，有点理亏。早在 20 世纪 50 年代，从事家庭治疗的精神科医生就提出"婚姻倾斜"的心理学概念，认为家庭中父母的一方有采用破坏性方式来支配家庭的倾向，而另一方却显得依赖和柔弱，对其逆来顺受。孩子在成长的过程中将这种倾斜关系视为正常，失去拥有平等关系的能力，要么依赖，要么强权。

在临床治疗中，我常常观察到母亲的角色感太强，使父亲在孩子成长中的作用被弱化，甚至被迫游离于家庭的亲密关系与教养关系之外。平衡和谐的家庭格局不能建立，孩子在与母亲的互动中，没有了父亲的参与而产生的心理缓冲空间，也失去了在双亲行为中做适应性选择的权利，孩子与母亲的行为应答方式被简化为服从和不服从。久而久之，成长的动力被压抑，变化与对抗的欲望被耗竭，导致孩子的心性发展延迟。母亲的咄咄逼人和父亲、孩子的怯懦成了一种鲜明的对比。

直觉上讲，家庭治疗师不自主地想压制母亲，迫使母亲退后一点，再扶父亲一把，以此让孩子在居中的位置上比较好过。但实际上，家庭治疗师并不会匆忙地否定这种关系，"倾斜关系"常常隐含着一种内在补偿，有一种隐藏着的和谐。换句话来说，没有怯懦的父亲，也不会冒出一个强悍的母亲，两者谁是因谁是果很难分清。

家庭治疗师把倾斜看成是家庭的一种存在方式，分析孩子的问题是在维持还是在破坏这种关系。如果家庭希望孩子的问题消失，可以问家庭是否愿意先改变倾斜关系，看看在均衡的家庭关系下孩子的问题能否改变，这是家庭的一个选择。是非观念强的心理医生会无意识充当家庭的评判人，批评那个看起来很强、内心实际很苦很累的母亲，给治疗带来很大的阻抗，甚至导致家庭对治疗师的厌恶感。聪明的治疗师会与母亲结盟来寻求母亲的大力协助，把母亲看作协同者而非挡路石。最糟糕的事莫过于治疗师试图帮助母亲"镇压"孩子，挫败孩子潜意识对关系的"反抗"，以为错都在孩子。其实，大多数孩子的行为紊乱最初都是指向家庭的，尤其是指向家庭中那个与之最亲密的人——母亲。想要孩子有变化，母亲父亲率先要有变化，这样心理治疗的效果才能维持。

心理医生开门迎接前来咨询的家庭，非常在意家庭走进诊室的顺序。谁是自动走进来，谁是被拉进来，谁的眼神带有迫切或期盼，谁的眼里闪烁着犹疑。进门以后，家庭成员怎样坐，谁来安排谁和谁坐，孩子能自己决定座位吗？如果他自己决定怎么坐，他的座位与谁的近与谁的远？他无意识中面对着谁或者侧背对着谁？说话时眼睛看谁、不看谁？父亲和母亲说话时彼此目光交流还是逃避交流，父母说话时孩子的情绪反应怎样？孩子说话时父母有没有不一样的表情？谁喜欢帮助他、喜欢替他说，谁喜欢纠正他、让他自己说等。从这些观察中，治疗师会获取许许多多有关家庭的信息，这些信息可以描绘出家庭内部的差异、权力等级、情感纠结与交流方式。

# 远离父母的孩子

　　下午是我预约门诊的时间，房门被轻轻敲响，从门缝里挤进一个男孩子，十四五岁，长得很阳光，身材也好，表情却有些不情愿。他的母亲紧跟在后面，原来他是被母亲推着进来的。母亲一面进来一面还向后招着手，过了一会儿，父亲才磨磨蹭蹭地逛了进来。我站起身来向他们打招呼，两个男人都不约而同地回避我的目光，母亲却很热切地看着我。我对他们说："请你们随便坐！"儿子人高马大地坐在一只可旋转的靠背椅上，扭过头不看我。母亲赶紧坐在儿子近旁的一张木椅上，身体朝儿子前倾着，眼睛却一直在打量着我。最后进来的父亲找了一个靠边的位置，当我看他时不得不扭着脸。我对那位父亲说："请把椅子前移，让我能同时看得到你们全家人。"父亲反应迟钝地把椅子向前挪了挪，算是给了我一点面子。

## 心理医生的猜测

　　看他们坐的方式，我们来思考家庭里发生了什么事。看心理医生一定是母亲的主意，孩子可能是被家庭标签的问题者，家庭的描述可能是孩子有一个问题，这个问题妨碍了家庭关系与孩子的社会能力。心理医生对问题本身不那么关心，对家庭内父子关系、母子关系与夫妻关系却很在意。从坐的方式上心理医生感觉更多的是母亲的问题，感觉到孩子如何利用问题来维持家庭的格局，也可以想到孩子多数问题是指向母亲的，母亲既是问题的系铃人，也是问题的解铃人。父亲的表现是一个旁观者，一个被迫参与治疗的协作者，他一定想置身事外，打着主意不想惹火烧身，所以脸上带有明显的防御。父亲一定会有与母亲不一样的认识，从他那儿可以得到家庭真实的信息，问题是如何让他开口。母子间可能存在一种情感联结，父亲与孩子的关系却有些松散，家庭内部可能存在一种关系的僵局，太太会抱怨先生，试图利用对孩子的治疗来教化先生；先生反过来会指责太太对孩子的娇惯，把愤怒、不满推卸到太太身上；孩子会左右为难，不得不躲在心理障碍的"围城"中。我的策略是先不让母亲说话，不让她"制造"出太多的麻烦，我会鼓励孩子自己来讲述自己的问题，会多给父亲说话的机会，让他顺一顺气，讨好他，把他的心理防御减轻一些，让家庭找到一种合力，在治疗师的引领下尝试和谐的互动与交流。

## 观察家庭关系

我问孩子："谁想来看心理医生？"

孩子说："妈妈说我有心理问题！"

我说："爸爸怎么看？"

孩子说："不知道！"

我问先生："太太认为孩子有什么问题？"

父亲回答："害怕上学，有社交恐惧。"

我问先生："孩子恐惧的时候，你能看出来吗？"

先生说："看不出来！"

我又问先生："你猜你的太太是否能看出来？"

先生说："不知道！"

太太插嘴说："每当他不想上学的时候，我就知道他的恐惧症又犯了。"

我问先生："孩子不想上学，有没有别的解释？"

先生说："老师说他心思不在学习上。"

这时候，孩子满脸不屑地说："医生诊断我是社交恐惧症，吃了半年药也没好，记忆力都给吃坏了。"

父亲生气地说："我不相信那些鬼医生，没事也会给你说出些事！"

太太马上抢话说："吃药还是有效的，至少他能睡着觉了，脾气也没有原来那么大。"


## 调整家庭位置

我接着问先生："你的太太和孩子坐得很近，离你比较远，你愿意靠太太近一点吗？"

先生说："太太照顾孩子多一些，自己少一些，孩子跟太太亲。"

我问孩子："离妈妈那么近，你的感觉是什么？"

孩子说："不舒服，想离开一点！"

我对孩子说："那你可以把你的椅子挪一挪。"

我问太太："孩子为什么想离你远一点？"

太太说："嫌我管得太多！"

我笑着说："这一点，你不如先生聪明。"

我看到先生的脸上有了些笑容，于是我让先生坐到太太的位置上去。

我问孩子："现在的感觉是什么？"

孩子回答："紧张！"

我说："为什么？"

孩子说："他不喜欢我！"

我问先生："孩子说他在你的面前有些紧张，你怎样做会让孩子不紧张？"

先生很茫然。

我说："你和孩子都站起来。"我让孩子在前面，闭上眼，身体向后倾。开始我让父亲从后面搂着孩子，孩子说很害怕，感觉父亲要摔他！之后我叫父亲用两只手扶在孩子的肩上支撑着他，孩子说感觉好一些。接下来，我让孩子完全放松向后依靠着父亲的双手，体会此刻静静的感觉。一会儿，我问孩子："现在的感觉是什么？"孩子突然有些哽噎地说："从来没有这么好，很温暖！"我又问："如果让妈妈参与进来，你希望她站在什么地方？"孩子犹豫了一下说："她应该在父亲的后面，撑着父亲……"

家庭的心理治疗就在不停地换位中进行着，由于换了位，先生知道了太太的苦，太太懂得了先生的难。当家庭离开诊室时，太太忽然想起来对我说："我还没有告诉你孩子的病情呢。"一个月后，在家庭预约复诊的时间里，太太来了一个电话，说孩子已经上学了，社交恐惧症大大减轻，父子关系也渐渐地好起来了，孩子不像过去那样让她操心，许多事情她也能让孩子自己做决定。家庭内部的关系僵局也由此打开。

## 家庭塑型犹如心理分析

　　德国海德堡家庭治疗学派很重视家庭中谁和谁坐，喜欢通过对家庭座位的变换来调整家庭成员彼此的心态，通过塑型来寻找好的关系格局，使一个僵化的家庭构型与情感联结流动起来。在一个良好互动的家庭关系里，孩子的问题会自然消减，疾病得以不治而愈。弗瑞兹·西蒙老师把家庭塑型看作对家庭不同的治疗假设，每一种假设可能呈现家庭某一类问题，并把好的解决模式引入家庭。塑型使家庭从一种问题取向无意识中转变到资源取向，既传递了好的治疗信息，又避免了治疗师的说教。西蒙说："给家庭成员换位类似于一种对家庭的'精神分析'，如果一种位置构型给家庭带来不愉快，带来痛苦，就揭示了家庭的症结，知道症结所在，逐步改变这种位置，家庭问题随之变轻。"一个给家庭带来安全感、温暖、和谐的关系塑型，会对家庭有种强烈暗示，让家庭成员看到一个可以共同努力的方向，并修正自己的行为与情感去靠近它。引发家庭自发地出现变化与发展，是心理治疗的精妙之处。

第 17 章

母子同盟，
孩子不是谁的筹码

我们常常看到一位很权威的父亲，斥责母亲过度娇惯和纵容孩子，而"不争气"的孩子一心一意地黏着母亲。母子结盟常常是经久绵长、无坚不摧的，这样的母子关系可能会是父亲心中无穷的烦恼。

"母子同盟"是心理医生对家庭关系的另一种描述，它几乎是"婚姻倾斜"的反转。在一些家庭里，我们常常看到一位很权威的父亲，斥责母亲过度娇惯和纵容孩子，而"不争气"的孩子一心一意地黏着母亲。母子结盟常常是经久绵长、无坚不摧的，这样的母子关系可能会是父亲心中无穷的烦恼。你和太太红脸的时候，从孩子的眼光中你就能读到恐惧或愤怒；你叫他"宝宝"的时候，他会扭头不理你，甚至不再管你叫爹。如果你有心要给孩子吃一些苦头，找孩子的一些别扭，你立即会发现自己陷入一种困境，因为任何对孩子的不满都自然地归因于太太，本是一腔好意转眼就成了驴肝肺。

　　"母子同盟"的另一个心理学描述是父亲在家庭情感关系或权力系统中缺席，如长期出门在外、个性松散自由、放任不羁、没有责任感等。母子依恋成为家庭情感维系的中心，母亲和孩子构成一种补偿性"婚姻关系"。这样的家庭关系中，孩子是父亲腿上的一个"绊马绳"，母亲会主动给先生呈现甚至夸大孩子的问题，以此来向先生"索取"应该得到的关心。在旁人看来，这样的母亲有两个孩子，一个是永远不成熟的先生，一个是永远长不大的孩子。

　　第三类"母子同盟"的心理学描述是指那些人格不完整、内心缺少安全感、缺乏自我认同和对亲密关系不信任的母亲，通过下意识地对孩子的深层依恋来获取内在的稳定。一般来说，母子热恋是孩子从出生到 2 岁之间的一种母子不可分离的相互依存的状态，个性依赖的母亲会被这种深度亲密带来的愉悦感迷醉，以至于对孩子"成瘾"。在这样的家庭关系中，母亲要带孩子睡觉到孩子很大的时候，父亲却常常是客厅或儿童房里的睡客。有时候，个性弱的父亲可能成为一个家庭情感的边缘人或流浪者，他不得不靠讨好母子来维持他在家庭中的位置。

根据家庭病理学说，"母子同盟"让孩子成为夫妻个性冲突的一个投射"容器"，夫妻无意识地把婚姻的问题转嫁给孩子，孩子活得像一个替婚姻受罪的"道具"。由于母亲性格和情绪对结盟中的孩子有很强的认同与内化作用，孩子的自我发展被压抑，这种压抑会延续到青春期并被猛烈地释放出来。同样，母亲的过度亲密使男孩性别认同与性意识发展延迟，不少的男孩内心印刻着无论如何也摆脱不了的"俄狄浦斯情结"（恋母情结）。

对母子同盟关系的认识与临床心理治疗可能是两回事，心理治疗师并不会拘泥于以上简单的逻辑关系来看待"母子同盟"。一般我们首先接受这种同盟是家庭关系的一种补偿状态，在新的平衡关系没有确立以前，"母子同盟"可能是家庭内部平衡的有效机制。带着这种观念走进家庭，心理医生更能保持位置的中立和更广阔的观察角度。我们会狡猾地绕过家庭成员给予我们的是非因果，也不去充当家庭的教育者或关系的调解人。我们对家庭呈现给我们的东西保持高度的尊重和认同，并协同家庭找到今后发展的多种变化的可能，以此来降低家庭内部的焦虑。我们不讨论家庭为什么会这样，或者孩子为什么会出现这样或那样的问题，相反，我们乐于承认我们对问题的成因一无所知（装傻）。我们只愿意与家庭讨论这种"母子同盟"是怎样被维持下来的，如果家庭选择不改变，每个成员需要怎样做才能使"结盟"看起来并没有那么糟。如果家庭选择改变，又要怎样来建立新关系和怎么样维持变化的可持续性。家庭治疗师在治疗中很愿意和家庭坐同一侧，如果习惯坐在家庭的对面，让家庭把麻烦、恼怒一股脑儿地抛过来，那可要吃不了兜着走了。

# 儿子不与爸爸亲

我的儿子2岁多了。因为先生工作比较忙，所以孩子一直是我照顾得比较多，晚上也是和我同床睡。所以孩子和我非常亲，和他爸爸就比较疏远。比如有时候我们一家三口在一起看电视，我想让孩子坐在我们中间，可孩子却不愿意，一定要让我把他和爸爸隔开；有时候他爸爸开玩笑要和我们一起睡，孩子当时就急了，大叫："爸爸走开，回爸爸自己屋。"

我也知道，随着年龄的增长，男孩子总这样不好，他需要男性的榜样，所以有时候，我会有意识地创造孩子和爸爸在一起的机会，可问题是先生和孩子都不领情。

比如我们一家三口去公园，我觉得孩子走路走得累了，就会说："宝宝，让爸爸抱你一会儿吧。"先生一脸不理解："干吗非得抱着呀？"儿子也在旁边说："我不要爸爸，我要妈妈抱！"

有时候，晚上我在照顾宝宝时有意识地给先生分配一些"工作"，比如让他为宝宝换个睡衣什么的。可往往先生不情愿，有时候甚至坐着不动，宝宝也不乐意，总是嚷嚷着要我来。

我有时候心里觉得很委屈，情不自禁地跟孩子唠叨几句："爸爸不愿意，妈妈和宝宝在一起。"可先生却埋怨我故意疏远他和儿子之间的关系。

我创造机会，他不珍惜；我说的是事实，他又埋怨我，这让我觉得很累，无所适从。

若说儿子一点儿都不理他爸爸吧，也不完全对。因为先生的工作性质是早上可以走得晚一些，所以每天都是由他送孩子去旁边小区的奶奶家。也真是奇怪了，就是每天早上，孩子能和他爸爸玩到一起，我上班的时候，他也能高兴地挥着小手和我说再见。

可为什么，平常的时间孩子却和爸爸亲不起来呢？

2岁的孩子有一种天生的排斥父亲的倾向，精神分析把孩子这个时期对父亲的排斥描述为儿童的俄狄浦斯情结，这个时期是孩子恋母心理发展的重要阶段。伴随这个时期的是儿童的分离焦虑，恐惧失去母亲或得不到母亲的关爱，因此孩子会把母亲抓得紧一些。这个阶段会自然持续到孩子5岁，5岁以后，孩子会自然地愿意跟父亲玩，把母亲晾在一边。尤其是男孩，5岁以后会发展出一种对父亲的崇拜，这种崇拜是孩子性别角色发展的根源。

很多时候，是母亲害怕失去孩子的焦虑，促使母亲无意识地夸大并支持孩子对父亲的排斥。如果母亲是依恋型人格，而自己的丈夫又比较粗心，缺少温情，母亲会沉醉在与孩子相互依恋的关系中，使内心得以完整。这个时候，父亲对孩子的接近被视为一种潜在的威胁，母亲通过挑剔父亲来挫败父子关系，这种试探是非常肯定的事情。当然，这一切都被掩盖在一种合理化的对孩子的关心中。

反过来看，父母关系交流不那么好的家庭，孩子会无意识地流露出对父亲的愤怒，这个愤怒其实是母亲的。原因在于，那个时期的孩子与母亲在心理层面上有一种共生关系，母亲一切细致的情绪都会激发孩子内心的共情。对父亲的愤怒和排斥有时只是要讨好和认同这个母亲，以确保依存。在关系不良的家庭中，这种儿子对父亲的排斥会持续到青春后期，直到孩子十五六岁。当孩子感觉是在背负着母亲过多的情绪，需要获得自由时，那时愤怒会加倍，并全部回报给这个为他辛劳十几年的母亲，而父亲却成为一个隔岸观火的人。

所以，这位母亲不要当着孩子的面说父亲，当孩子不要父亲的时候，你必须给孩子一些冷落，帮助父亲回到孩子身边。你可以定一些规矩，孩子的什么事由父亲管，母亲绝不多一句嘴，让父子去面对。另外，要孩子学习尊重父亲，首先太太就要尊重先生，你在孩子面前注意跟先生的态度和言行，孩子一定不敢也不会对父亲猖狂。2 岁多的孩子，应该跟母亲分床睡了，最好是分房。现在对你重要的事是如何把孩子赶到儿童房去，找回自己的婚姻和爱情。

第 18 章

孩子"牺牲自我",
弥合分裂的婚姻

有的家庭夫妻间过分独立,缺少必要的情感交流和亲密依赖,甚至是同床异梦、彼此疏远、满怀敌意地竞争,拼命试图从孩子那儿得到忠诚与亲近。

在这样的家庭关系中,平衡是靠孩子勇于"自我牺牲"来实现的。

"婚姻分裂"是由 20 世纪 50 年代的心理学大师塞奥多尔·利兹提出的。利兹在研究儿童精神病（躁郁症）时认为：这些儿童的家庭内部没有形成良好的结构和角色分化，夫妻间过分独立，缺少必要的情感交流和亲密依赖，甚至是同床异梦、彼此疏远、满怀敌意地竞争，拼命试图从孩子那儿得到忠诚与亲近，导致孩子无力适应。孩子的内心会强烈感觉到家庭内部的不稳定及团结一致的重要性，他会迅速发展出一种自我控制来应付或摇摆在家庭对立观念或非此即彼的关系模式中，用自我"分裂"补偿性地满足父母对家庭关系的需求，以维持家庭分离中的统一、冲突中的和谐。

　　在这样的家庭关系中，平衡是靠孩子勇于"自我牺牲"来实现的，孩子的问题实际上是家庭维持的一种要素。但补偿总会有个极限，一旦缓冲失败，孩子可能陷入大麻烦，要么过度控制自己——抑郁，要么就是发泄性失控——躁狂，并持续摇摆在这两种情绪状态中。过度控制的孩子可能会把这种家庭冲突潜抑在内心深层，成为成年神经症或身心疾病的心理根源。失控的孩子却像是一种对"家庭现实"的反叛，逼迫父母改变态度，调控家人，这种失控被医学称为儿童神经症或儿童精神病。

　　治疗室里，面对有行为障碍或情绪异常的孩子，夫妻常常会互相推卸责任或埋怨对方，治疗师被迫成为家庭问题的仲裁人，扮演一个运用反向力量来维持家庭稳定的权威角色。在孩子抑郁时，治疗师一味地想鼓励或激活当事人，并通过削弱父母对孩子的控制来增加孩子的行为自觉性。在孩子躁动时，治疗师又反过来帮助父母压制或限制冲动的当事人。

这两种情况在治疗师看起来是对症处理，实际上是替家庭分担责任，构成治疗师—父母—孩子这一扩大了的家庭系统。治疗师成为平衡家庭的要素，这可能会诱导家庭对治疗师的过度依赖，使家庭问题不仅不能得到解决，反倒出现慢性化发展。

另一类"狡猾"的孩子，把他们的情绪问题通过躯体的症状表达出来，被现代医学标定为多动障碍、胃肠型癫痫、头疼、消化不良、心慌、支气管哮喘等儿童身心疾病。这些症状对家庭"硬"的关系有一种巨大的软化力量，使父母矛盾相对缓和，孩子也可以从症状中"获益"。

缺乏经验的治疗师认识到孩子得病的内在机制，便热衷于对家庭进行矫治性干预，试图让家庭的对立关系变软，帮助孩子从分裂关系中解脱。这样的工作必然涉及对父母双方的评价，为孩子建构得病成因，引入新的价值系统，让家庭感到不安全。

成熟的治疗师会采用中立的态度，回避在对立的双方中做选择，有时甚至采用和稀泥的方法，模糊掉双方的观点差异，把对立的不合理接纳为一种并存的合理。有时可以采用双治疗师策略，让两位心理医生代表父母双方演绎如何把家庭的对立转化为彼此的接纳。其实，情绪障碍是孩子内心对家庭处在矛盾对立中的一种逃避（一种分离愿望），而躯体症状则是无数次分离受挫后情绪压力下的躯体化。为了防备孩子的躯体长久地处在情绪紧张中，接受甚至鼓励孩子情绪外泄是双亲和治疗师都要清楚意识到的事。

# 患厌食症的女孩

　　小惠坐在我面前的时候，我的心一下变得很沉重。她是那么虚弱、纤细，脸色苍白得像一张纸，眼睛显得很大，但充满着忧郁，消瘦的脸使鼻子显得很尖。16 岁的花季少女，1.6 米的个子，体重才 70 斤，一阵柔风似乎也会把她吹倒。不用说，这是一个有进食障碍的女孩子。小惠的妈妈是一个典型的知识型女性，举止优雅，穿着得体。父亲看起来像是一个成功人士，有明显的身份感，他略有些焦急地对我说："小惠患神经性厌食症已经 2 年了，服用抗抑郁的药已经 1 年半了，现在双倍服药已经 3 个月，但仍不能好好吃饭。每顿饭要么不吃，要么就暴食，然后呕吐，周而复始，身体一天天地消瘦，打也不是，骂也不是，横竖都不行，我们真拿她没办法。"

　　母亲插嘴说："内科医生说她电解质紊乱，血钾低，免疫力低下，给她输了两周的液，学习是完全不行了，只能休学在家。"

　　我问小惠是否停经，小惠点点头。

　　母亲说："快半年没有了。"

　　我拿起小惠的手，感觉到她皮下的脂肪层很薄，基本上算是皮包骨了。

　　我问她："什么时候开始决定节食的？"

　　小惠努力地笑了一笑说："不是我不想吃，是我控制不住地要多吃，吃了以后控制不住地想吐，为了不吐，我就宁可不吃，饿极了才吃！"

**寻找病因**

让小惠正常进食自然成了家庭与治疗师共同的目的。接下来的几次见面中，我和她们一家苦心寻找和分析小惠厌食的原因。

妈妈说："小惠初三的时候，体重有 90 多斤，人很健康活泼，学习也是班上的前几名。后来，同班上的几个女生开始减肥节食，每吃一口东西都要计算热卡。中考以后，别的女生都放弃了节食，小惠却坚持了下来，现在是欲罢不能。"

我问父亲的意见，父亲说："据医生说，厌食是一种抑郁性障碍，小惠是得了抑郁症，我们要把她的抑郁治好！"

在我的观察中，父母在诊室里彼此接纳互动良好，小惠总是一个人坐在一边让父母坐在一起。家庭的亲密感、信息交流都很好，对问题的态度家庭内的看法也一致。我试图让小惠坐到父母之间去，但小惠不愿意，我以为是家庭内部的关系等级让孩子有独立的意愿。于是我决定对小惠做个别治疗。

**陷入困境**

在几次面询中，我做了许多分析尝试。首先了解小惠潜意识中对女性角色的态度，希望找到青少年的自我认同危机；接着分析小惠对权威（父母亲）的愤怒，对关系的不满（人际与家庭的）；再分析她的个人主义与献身精神间的意识冲突，分析超越与沉沦、禁欲与贪婪、渴望和放弃之间的矛盾。然后我又探索她早年生活中有无可能引发创伤经历的事件、性游戏、对成熟对情欲的恐惧……再然后，我分析小惠的进食模式，制定行为规则，希望打乱或扰动她的内部规律。比如，让她去一个找不到呕吐场所的地方进食，或者要求她放弃正常的3餐，改为每次量很少的5餐……最后，我发现自己已经是江郎才尽、精疲力竭，小惠虽然努力配合但不够积极，似乎一切都是被动地为心理医生服务。进食问题并不见好，小惠的体重还下降了半斤，我真正陷入了一种治疗的困境。于是，我邀请了北大心理学专业博士生小易和我分析案例，一起来面对这个家庭。在治疗中，小易突然说："李医生，你太关注小惠的进食问题，忘掉了家庭其实已经有了很大的不同，你被症状催眠了。"这不，小惠很自然地坐在了父母亲之间，而且他们彼此手握着手。

## 家庭秘密

原来，小惠不愿坐到父母中间是对父母的一种无意识的拒绝，而非独立的欲望。现在，一家人其乐融融，家庭一定在不知不觉中发生了什么。我单独约见了小惠的母亲，希望她能解开我的疑虑。小惠母亲告诉我："2年前，我和先生有一次婚姻危机，原因是先生和一位女士来往过密，而我又比较敏感猜疑，此后，我们彼此之间一直耿耿于怀，感情隔阂很大。小惠刚开始恨父亲，怨他不关心我，后来又恨我，怨我不原谅父亲，之后，小惠开始节食……"小惠母亲抱歉地一笑说："我们没有告诉你，是我们以为这与小惠厌食没有关系，我们又好面子，羞于提起家庭内部的一些隐私。只是在和你的接触中，慢慢领悟出，小惠摇摆在厌食和贪食之间，好似她对父母又爱又恨的冲突情感，我们觉得家庭团结是最重要的，我和先生重归于好，晚上已住在一起……"果然，2周以后小惠告诉我，她不再呕吐了，尽管吃得还比较少，体重增加很慢，但精力大有改善，她已经回学校上学了。

# 第 19 章

## 父母要甘当
## 孩子成长的土壤

　　父母常认为教育孩子是自己应尽的责任，但往往在家长们一厢情愿地"帮助"和"促进"孩子成长时，却有许多自己的"不当获益"。要知道孩子的成长需要父母像土壤一样供他们抽枝拔节，而不是像套马的缰绳。

心理学认为，中国的独生子女政策并非只是让一个孩子骑在 6 个大人（父母、爷爷奶奶、姥爷姥姥）的头上呼风唤雨，作威作福。一切付出都需要有一种潜在的回报，在那种表面的辉煌下，孩子的身心发展被大人们过度预支而至负债累累。

一个家庭像一个系统，会无意识间形成一种期望，家庭往往会被这样的期望约束，变得盲目而不自知。东方文化重视从小看老，以为小时候都难以出类拔萃的人，长大了更没出息。所以，父母们必须从娃娃抓起，亦步亦趋，循序渐进。当一个家庭的期望指向孩子的学习与才华，那么，家长们会一厢情愿地去"帮助"和"促进"孩子。有时候他们明知这样做毫无效果，甚至适得其反，却欲罢不能。

家庭治疗师把这样的关系看成："家庭是通过对孩子的期望，来实现一种家庭内部的情感交流、责任的联结与权力分配，并将它们合理化。"主流视觉会对这样的说法有天然的反感，因为主流视觉是一种成人的视觉，把教育孩子看作一种责任。但系统的视觉却发现父母在教育孩子的过程中有许多自己的附属品，或称教育中的"不当获益"。要知道孩子的成长需要父母像土壤一样供他们抽枝拔节，而不是像套马的缰绳。

透过一种玻璃房子来看家庭，我们可以发现父母与子女间的交流是如何达成的。大多数家长与孩子的语言交流是单向的，或称指导式的，孩子一般也不直接在语言上对抗父母，这与中国文化原型中的"孝顺"有关。更多交流的信息流露在孩子率真的表情、情绪与行为变化中，遗憾的是，父母们常常视而不见。

现在玻璃房中的孩子回到家了，母亲问："今天怎么样？"

孩子犹疑地回答："还行。"

父亲立即插嘴："什么叫还行？"

孩子挤出一点笑容说："没被老师批评。"

母亲紧逼说："没被批评就行吗？"

孩子无语。

母亲又说："什么时候你能得到一次表扬让我们高兴下？"

孩子嘟囔说："好的。"

父亲接着说："别敷衍你妈妈，她可是为你操够了心。"

孩子的脸上毫无表情。

父亲加重了语气："你知道怎样做才能得到表扬？"

孩子局促不安地回答："不知道。"

父亲严肃地说："首先是学习好，刻苦上进，听老师的话……"

孩子一直僵持在水深火热之中，焦急地等待着交流的结束。

终于母亲说："快洗手吃饭吧！"

孩子的表情马上松弛下来，高声地说："好呀！"然后匆匆地逃离。

在这样的交流片段中，整个交流的内容、意愿和交流方向是被父母决定的，孩子只是被动地应答，他的表情和体态传达给父母的回馈信息是不安与不满，但父母还是坚持了教育的准确性与完整性。

在心理医生看来，这个交流片段实际上是满足了家庭的一种复杂的内部需求。第一，母亲是问题的提出与结束者，她可以用孩子的问题把父亲卷入家庭情感，父亲回应了母亲，让家庭感觉还算团结一致。第二，父母觉得自己是在尽父母的责任，表达一种对孩子的关爱，但潜意识的语言却是"我已尽到责任，好不好只能看你自己"。孩子在交流中感觉到的，除了压力还是压力。

应对这样的"亲密交流"使孩子们变得圆滑而成熟，最终的胜利者还是孩子。如果在父母都是社会精英的家庭里，孩子可能就没有那么幸运可以蒙混过关，不交谈则罢，一交谈就要触及孩子的"灵魂"，直到把孩子的心灵挫伤得百孔千疮。

心理学专家研究精英家庭的孩子在成长中的适应不良，发现与普通家庭相比，越是父母社会地位高的家庭中孩子的心理问题越多，解决症结也更麻烦。从遗传学的角度来说，由于精英的孩子智商很高，因此在与父母的"交锋"中易于找到或创造一种情绪或行为障碍来有效地应对困境，并从中获益。

心理医生看到，许多孩子的问题是被不恰当的教育孕育出来的，他们企图用教育父母的方式达成一种家庭内部交流的平衡，这样的想法可能是好的，但效果却难以预测。有些家长听信心理医生的建议，在教育孩子的过程中变得束手束脚，让孩子的心理发展处在更大的危险中。严格说来，这样的心理治疗只是满足了医生自己的权威需求，解决问题的努力使问题进一步固化、泛化和复杂化。

聪明的治疗师不去为难父母，相反，在孩子的面前表示出对父母足够的尊敬与肯定。我们会和家庭一块儿重新来描述家庭的

"情景"，并改变家庭呈现给我们的"故事脚本"，让家庭得到一种新视觉和新感觉。我们要给孩子的"症状"或家庭的冲突一个意料之外的赋义，使这些引发矛盾的信息产生积极互动的作用。

我们还要改译孩子内心对父母教育的感觉，让他看到教育中包藏着的那颗无私慈爱的心。我们会利用孩子的问题，给父母一个展现自我的广阔天地，让父母变得更像好父母，孩子更像好孩子。这样做的目的是要给出我们的治疗暗示："家庭必须在爱与教育冲突中找寻隐藏着的和谐，让动荡的心趋于安宁。"

家庭治疗师鼓励父母直接表达对孩子的爱、尊重和无条件接纳，良好的亲子关系是教育的前提。父母不妨在爱与教育的双重责任中玩一种"木马计"，把教育包藏在爱的木马中，可以成功地跨越孩子对父母的心理防御。相反，企图通过加强教育来规范孩子的心理与行为的父母，总是被关在孩子紧闭的心灵之外，你的矛利，他的盾坚，教育成了非常烦恼和无效的事。

# 对继父的爱

　　能够想象吗，有时一种对亲密关系的诉求也是导致家庭间争执的根源。德国老师宫特·史密斯讲了一个自己的故事，在他 18 岁的时候，他与父亲产生了很大的争执，他们总是意见不合，整天争吵，谁也说服不了谁。整个家庭在两个男人的对立中变得很不安宁，大家总揪着心，小心翼翼地回避一些可能发生争论的话题。终于有一天，他们决定去看心理医生。心理医生问宫特的妹妹们："你们认为哥哥和父亲之间有什么不对劲？"聪明的大妹妹说："他们争论什么并不重要，重要的是都渴望对方能有一种接纳的姿态。"小妹妹回答得更惊人："他们是因为相爱太深，才变得焦虑和彼此不能容忍。"宫特与父亲被妹妹们的话惊呆了，原来他们争论来争论去在家人眼里不过是一种父子间的关系诉求，过去发生的一切变得那么荒唐可笑。从那以后，宫特与父亲学会了倾听，继而相敬相爱，彼此之间再也没有争吵。也正是这件事，促成宫特·史密斯在大学选修了心理学，如今成为德国个人开业的心理医生。

## 爱发脾气的小建

　　春节前夕，我的门诊来了一个三口之家。当这个家庭走进诊室坐下来后，你的感觉是他们彼此之间还算和睦，儿子和父母之间有许多非语言的交流和亲密接触。

这时母亲笑着说:"我们不知道是否找对了庙门,只是大家都觉得想来见见心理医生。"

我立即幽默地回答:"现在你们已经见到心理医生,心愿已了,是否可以打道回府?"

孩子小建赶紧插嘴:"医生,我最近状态不好,老爱发脾气,是我想来看心理医生的。"

我问:"喜欢对谁发脾气?"

小建犹疑地说:"对父亲多一些。"

我看着父亲,父亲接口说:"其实,孩子都16岁了,发发脾气不碍事……"

母亲抢着打断:"我不允许小建对父亲不礼貌。"

小建又说:"我知道不应该对父母发脾气,但就是控制不住。"

经过一番交谈,我知道小建的父亲是一个成功的企业家,学识很高,看起来比母亲要大十来岁;母亲是一位医务人员;小建是艺术附中的高二学生,学油画,留着一头飘逸的长发,很有书生气。


**家庭的故事**

母亲说:"小建过去一直是乖孩子,很听父母的话,最近却总和父亲过不去,性格变得很急躁,动不动就说父亲不关心他,不愿意理解他。"

小建开始有些局促不安,父亲的脸已开始黯淡起来。母亲接着埋怨小建对父亲不尊重,埋怨他不体恤父亲在外的奔波劳累……

父亲打断母亲说:"期末小建专业考试不理想,回家后情绪不好,有些脾气是可以理解的,我会退避三舍,努力不与他争执。"

小建说:"我有双重性格,我很爱父母,就是表达不出来,一有事就急,管也管不住自己。"

原来三个人彼此相爱,但日子过得憋气,三个人心里都不舒服,觉得不对劲,小建埋怨自己却又无能为力。眼看年关要来,总不至于这样就把年过了,于是,大家一拍即合来找心理医生。

进一步询问,知道小建的父亲并不是他亲生父亲,母亲在小健3岁时离婚,5岁时带他嫁给现在的父亲。父亲对小建一直视为己出,无微不至地关怀照顾,小建也从不与父亲生分,小时候和父亲好,黏父亲,崇拜父亲,认为他是真正的男子汉。父亲自知不是亲生,对小建就格外宽容,有事总是随他,满足他的各种需求。由此三个人保持着一种高度的亲密。亲密的前提是容忍差异或放弃差异,对小建的教育他与小建的母亲是有差别的,但他压抑自己,努力让家庭维持一种内部平稳。小建在青春后期出现逆反心理,父亲的内心就很受伤,他自认为自己已经做得很不错,但仍遭受指责,对小建的母亲就有些抱怨。母亲看在眼里急在心里,找机会指责小建,小建反过来以为是父亲诬告他,心里更不得劲。这样,家庭里就出现一种循环冲突,谁都被卷入,谁都难以幸免。小建的母亲身不由己地插入父子之间,本意是调整父子关系,却加大了父子间的距离。

**循环冲突**

青春后期的男孩开始对心目中的权威有一种"攻击性"欲望是非常自然的事,这样的家庭,小建向父亲的权力挑战本身是成长的一种心理需要，但却存在着一种困境，很容易被误认为是小建在情感上排斥不是亲生的父亲。"他不是小建的亲生父亲"这样的念头一直是家庭禁忌，这个禁忌限制了家庭的交流，越想回避这个事实，越加重彼此的隔阂与焦虑。这样一来家庭被困住了，小建反叛期的心理动力本意是指向成长与独立，结果却被禁忌放大了破坏力。怎样才能让家庭意识到这里面的循环冲突，意识到他们之间需要更多坦诚与开放的交流？父母有很高的教育背景，我能通过心理教育的方式改变家庭的认知系统吗？显然，我需要更巧妙的方法。

## 打开谜团

我问小建："如果有一个外星人来到你们屋外，它不懂地球人的语言，却透过玻璃窗观察了你们一年，它会怎么判断你与父亲的关系？"

小建想了想说："可能会认为是两个雄性生物在争夺对雌性生物的控制权。"

我立即给予赞同，接着问："你猜你的母亲如何看你与父亲的关系？"

小建着急地说："母亲以为我不爱父亲，其实她错了，我的内心是非常崇拜父亲的，我只是不愿意他仍然把我看成孩子，事事总是让着我，我觉得这是看不起我！我希望他对我有要求……"我发现母亲与父亲有些发愣，也有些感伤。

我再问小建："你猜在父亲的眼里，是如何看待你与母亲的关系呢？"

小建的眼圈有些红，说："父亲可能认为他不是我的亲生父亲，所以总想多留出空间给我与母亲相处，把我和母亲的关系看得比与他的关系重一些，其实，我更愿意跟父亲多接触一些。"

父亲坦诚地说："小建是对的，我确实有些多心了。"

我笑着看母亲："假如我让小建给你们夫妻关系做一个评分，你认为他会给出几分？"

母亲想了想说："7分吧！"

父亲说："我看起码也有8分。"

小建笑着说："10分！我给你们打10分。"

三个人都开心地笑起来。小建为什么要给父母打10分，心理医生是需要分析的，但这已不是这次面询要解决的事。我相信，小建摆脱逆反心理的日子已经不远了。

第 20 章

是爱，
还是不满？

在中国文化中，父母对孩子的不满，喜欢包藏在一种貌似对孩子的关心中。正如父亲说："我这样做是因为爱你！"而孩子却知道接下来可能是大祸临头。由此会引发孩子内心的冲突，难以适从。

"双重束缚"是家庭治疗大师贝特森对家庭动力学中一种矛盾情景的经典描述，他认为："双重束缚是一种父母之间或父母与子女之间交流时，在关系水平与内容水平上的明显矛盾，使家庭交流发展出一种矛盾的不确定性，不知道对方是关心自己还是抱怨自己。"正如父亲说："我这样做是因为爱你！"而孩子却知道接下来可能是大祸临头。贝特森认为，这种矛盾情景是儿童精神分裂或情绪障碍的决定因素，精神病性的症状正是这种矛盾交流发展而来的结果。

　　在中国的文化中，父母对孩子的不满，喜欢包藏在一种貌似对孩子的关心中，越是与子女关系不好的父母，越易于通过"教育"来发泄对子女的不满。殊不知，这样做的结果使孩子长期处在一种内容水平被关心、关系水平被伤害的悖论情景，并被禁止评述或反抗这些矛盾信息。慢慢地，孩子会借助相互矛盾的信息来逃避惩罚，以扭曲的行为方式来应付所有的关系，失去了发展正确理解自己和他人的能力，出现人格分化延迟。

　　生活中母亲生气地对女儿说："瞧你都 15 岁了，还不愿意替母亲分担一点家务，你真是太懒了！"这句话既表达了一种对子女的成长期望，又表达了一种对女儿的失望与抱怨。女儿为了平衡母亲的情绪，觉得该做点什么。女儿对母亲说："好吧，我来拖拖地。"这表达一种服从，甚至是一种刻意的讨好，但内心隐藏着一种防御，害怕与母亲继续交流。女儿在拖地的时候，如果得到母亲夸奖，女儿的应答成功，内心得到满足，拖地行为转为成长的动力。但如果母亲大声叫道："瞧你拖的地，还不如不拖。养你这么大，连拖地都不会！"女儿则被迫处在一种应答无措、左右两难的位置，无论如何都是错，变与不变都毫无出路。不拖地，要继续忍受母亲的指责和埋怨，去拖地也要忍受母亲新的指责和埋怨，横竖都是不快乐。母亲的美好期望由于矛盾信息反倒使子女成长的动力被减弱，孩子心中的感觉是："无论如何我都不能摆脱母亲对我的不满。"

双重束缚中的孩子内心冲突持续存在，会积攒很大的焦虑，心理医生走进这样的家庭，易产生对孩子的同情。如果一厢情愿地试图通过对父母的教导来消除家庭内部的矛盾信息，有时会适得其反。对有强烈自尊需求的家长，这样的教导极易引起他们的不满。这种不满可以从孩子在诊室里担惊受怕的样子中看出来，有时孩子不得不通过表达对心理治疗师的不喜欢来与父母"结盟"，让治疗陷入困境。对处在逆反期或者有攻击性欲望的孩子，则又鼓励了孩子对父母的对抗与责难，让家长在治疗师面前陷入尴尬、颜面尽失。许多渴望权威感的治疗师热衷于给家庭灌输心理学思想，培训当事人，以为如此这般就可天下太平。这对有知识有悟性的家长尚可，对文化较低或悟性不高的家庭，或者矛盾冲突纠结很深的家庭，心理学知识是双刃剑，在给予帮助的同时带来的伤害更深，让家庭失去自我判断力和自我更新力，把家庭推向更大的危机与困境。当然，不少家庭也乐于把一切麻烦都顺水推舟地推给治疗师，让孩子大事小事都来找治疗师拿主意，使治疗师在表面的辉煌下内心苦不堪言。

聪明的家庭治疗师会绕过对家庭交流模式的价值判断，通过家庭塑型（一种在诊室中的家庭心理剧）让父母与子女体验到彼此在关系水平中的亲疏远近，引发他们的内在联想，并创造新的交流模式，引发新的情感体验，来促进家庭对未来的期待。在与家庭的交谈中，灵活地避免发表对家庭事务对与错的看法，而引入一种有效或无效的判断。治疗师把许多看起来很好的家庭教育方法与亲子关系理论束之高阁，并不是认为它们不对，而是觉得它们应用起来可能无效。家长们也不是傻子，理论谁都会看谁都会讲，干吗花钱来请心理治疗师。治疗师需要找到非常个别化的东西，来解开家庭的症结。当传递某种信息会给家庭带来价值判断或引发新的冲突时，治疗师乐于扮演一种模糊角色，并通过对多种交流的呈现来处理家庭中的矛盾信息，悄声无息地对家庭做修改。当家庭完全更新后，家庭成员发现所有有益的决定都出自他们自己。

另一类更为困难的双重束缚，发生在个性分化不良或情感分裂的家庭，孩子无论依从母亲还是依从父亲都会遭到另一方的责难，无论做任何事都得不到双亲肯定或否定的观点。有时候双亲为了回避自身冲突，观点含糊不清，要么就各行其是，互不干涉。孩子既不能在家庭里找到规则，也形成不了有效的交流，凡事得先看父母的脸色，猜测父母的心思，难以适从。

# 一个永远长不大的男人

记得我刚从业不久的时候，一位母亲带来一个已经28岁的"孩子"，他进门时躲藏在母亲后面，不敢直视我，听我说话时也不看着我，想说话的时候会问妈妈："我可以这样说吗？还是你帮我说吧？"

母亲说："他都这么大了，什么事也不能做，什么人也不能接触，请你帮助我让他长大。"

我说："我知道你带孩子看过不少医生，他们怎么看？"

母亲说："精神医生诊断他为退缩性分裂样精神障碍，一直在服药。"

我问："诊断他有问题和未曾诊断时你和他的关系有何改变？"

母亲说："我不再骂他了，原来我逼迫他去做一些符合他年龄的事情，做不到我就惩罚他，后来我就不这样做了。"

我问："孩子的其他亲人，父亲、姥爷姥姥、爷爷奶奶怎么看？"

母亲说："他父亲开始不认为是问题，他爷爷奶奶也说他家的男孩子懂事晚，他爹30岁都不太懂事。"说到这里，这位女士突然哭起来说道："你说我有多累，他爹什么事也不操心，也不关心孩子，我命好苦……"

以后的咨询我联系了一家人并让他们都来，借此观察孩子的家庭关系，发现他的父母之间根本没有像样的交流，母亲说话父亲就闭嘴，父亲说话母亲也装听不见。当事人与父亲如同陌生人，父亲也很少回这个家。我还发现当事人与母亲的交流也很少，不到万不得已不开口，开口也是一些略带含混的话，但行为上倒是很默契。母亲跟他很亲近，他想要什么母亲都猜得到，是否要把话说清楚似乎并不那么重要。这个家庭的父亲个性分化比较低、内向、不善言辞；夫妻之间情感淡漠，家庭中没有成形的交流，母亲对父亲有很大的否定情绪，而这些情绪最后都落在孩子的身上。我的努力就是试图改变母亲对孩子的替代与母子间的情感纠结，以促进当事人的心理行为发展。

在治疗中，必须认清这个现实，母子纠结是家庭继续存在的情感核心，在没有新的情感诞生前，你只能保持对它的尊敬。

我对母亲说："你 20 年来，一直无怨无悔地照顾这个患病的孩子，你真是一个伟大的母亲。"

我对孩子说："你 20 年来，放弃你的自由，心甘情愿地陪伴你的母亲，你也是一个很乖的孩子。"

我对父亲说："你 20 年来，一直把孩子的爱深藏内心，因为你知道你太太更需要他，我对你报以尊敬。"

看得出，他们对我这样的说法都感觉突然，但很快，他们的脸色好转起来，因为我故意在积极角度合理化他们各自的行为。当家庭在我面前感觉到安全时，我建议母亲"退化"到儿子的年代，儿子"进化"到母亲的年代，父亲来扮演仲裁者，对游戏叫"暂停"。当他们各自真正来扮演新角色时，儿子的脸变得明朗，语言也见清晰。当一个家庭父亲的功能很弱的时候，为了家庭的稳定，母子纠结很容易形成，心理医生建议母亲可以多依赖社会的缓冲机制，逐渐让孩子的情感需要从母亲转向社会，如鼓励孩子与同龄孩子、同学、邻居、老师交往，尊重友谊，热爱生命和自然等。很多个性发展不良的孩子在这样的鼓励下，会慢慢寻找到自己的心理领路人，身心发展得到补偿。这个孩子的发展在正常的时间被母亲过度的关照和过严的教育破坏了，不管孩子怎么努力，母亲对孩子的理想化都得不到实现，孩子在努力——受挫——批评——努力的循环中感受到强大的无力感，最终放弃心理努力，承认自己就是一个无能的人。

在对孩子的教育中不能哪壶不开提哪壶，双重束缚用精神分析语言叙述很像是一种投射性认同。父母把自己内心的一种焦虑、担忧、害怕通过对孩子相关行为的教育传递给了孩子，孩子有一天也跟父母一样深受同类情绪的影响，甚至就把担心的事变成事实。越担心孩子学习不好，越关注他学习不那么理想的地方，越会在孩子心中增加对学习的不自信，结果学习成绩下滑，母亲的担心成为事实。

第 21 章

## 父母间隐性的
## 教育竞争

夫妻在养育孩子的问题上存在一种隐藏的竞争。他们是不同性别的人，对独生子女自然会有一种内心的成长期待，这些期待正是塑造孩子思想行为的家庭动力。

夫妻在养育孩子的问题上存在一种隐藏的竞争。夫妻是不同性别的人，对独生子女自然会有一种内心的成长期待，这些期待正是塑造孩子思想行为的家庭动力。事实上，孩子跟谁亲近，长大了性格、行为习惯也会更像谁。

　　在教育孩子的问题上，家庭内常常有两种类型的冲突。一是价值观的冲突，教育的目的看起来是一致的，方法却各自不同，因此，如何教育孩子双亲互动最多，交流最多，冲突也最多。二是情感冲突，比如孩子更向着谁，更听谁的话，更维护谁的利益。处在劣势中的那个父母，会有较多的抱怨。这两种冲突，前者是家庭意识层面的碰撞，后者是家庭感觉层面的较量。

　　其实，父母因教育孩子引发的冲突，是两种家庭文化是否能在孩子身上延续的彼此较量。每个人都是在一个特定的家庭中长大的，家庭文化会像基因一样通过分离、配对、重组植根于我们各自的意识深层，影响着我们的内在感觉和价值判断。

　　家庭冲突可以看成是两种家庭文化"原型"在潜意识的指引下对孩子做"配对与重组"，它是自然的，甚至是必需的。遗憾的是，我们从小只接受唯物主义一种哲学观，脑子被禁锢在对与错、是与非、真与假、美与丑的价值体系中，缺乏应用更多哲学观引导下的交流方式与视觉，许多看起来只是文化多样性的问题，争来争去就成了大是大非的问题。

父母手中有自己家庭中祖祖辈辈延续、秉承、垂直传递的一种文化意识和价值系统。他们从小耳濡目染，无形之中全盘接受了一些理念、态度、生活习惯、习俗、情感表达方式、对冲突的应答，以及与人交往的模式等。父母亲总是一厢情愿地、不自觉地、孜孜不倦地，甚至百折不挠地把内心认为好的东西强加给孩子，希望从孩子身上看到"好"的回应，以此来满足他们内心对价值的期待。

心理学认为，父母容易从孩子身上看到的"问题"，可能正好是父母早年未解决好的情结，甚至可能是几代人也没有解决好的家庭意识遗留问题。研究父母如何通过从孩子身上"发现"问题，使家族的"文化意识"得以代代留存，或者研究代际间期望压力的传递模式与前辈的"债务"如何经由后代偿还，是家庭治疗师最关心的事，因为这恰好是家庭的症结所在。所以，我们常常会问："孩子的问题是谁最先发现的？"或者"谁最在意孩子的改变？"

家庭治疗师在面对父母的竞争时，有时会陷入一种家庭的困境，他们被迫扮演对错的仲裁人。许多研究表明，治疗师表面上可能同情异性别的父母，内心却无意识地与同性别父母坐一条板凳。这可能跟医生自我经历与内心体验有关，容易形成反向移情。男性治疗师比较容易关注到母亲对孩子过分地严厉或溺爱，这显然与男性医生潜意识对母亲亲密的依赖与叛逆有关。女治疗师易于看到男性的粗暴、任性、无责任感、难以亲近等，不能不说这可能投射的是自己对父亲的不满。受过训练的心理治疗师会提醒自己，在某个家庭中感觉到的东西可能不是家庭自身的，而是来源于自己内心对家庭关系的记忆印痕。所以，心理治疗师需要"第三只眼"，他要清醒地看到自己在对家庭做什么，是否保持了治疗性中立，是否对自己的问题保持了警觉。如果无意间我们支持了某方的观点，我们会提醒另一方家长："刚才我的话可能不客观，如果你感觉到不舒服，请告诉我。"

处理这样的家庭竞争，聪明的治疗师会采用一种双重角色，跟太太谈用先生的理论，跟先生谈用太太的理论，并应用心理学的交谈技巧，让他们看到对方的长处，让对立的情绪趋向和缓。治疗师面对自认为很正确、较劲的家长给予一种消退处理，让他/她有理也说不出，让无理的那一方变得有点力量，以此来平衡家庭关系。

许多家庭出问题的原因是父亲或母亲困扰于一些正确的教育理论，不能变通，也不能对孩子因势利导。其实，如果通过一种对是非的含糊技术，抹杀对与错的差别，让父母从关心自己的对错转向关注彼此间的共性，关注孩子内心的感觉会更有效。

# "十恶不赦"的小孩

　　小刚这个 10 岁的男孩，在父母的眼里真可谓"十恶不赦"，他逃学，有时整夜不归，撒谎，欺负女生和低年级的学生，偷拿同学的学习用具，弄坏教室门窗，在黑板上写下流的话，打架，甚至书包里还掖着一把菜刀，见谁不顺眼就灭谁。学校已经换了几次，老师仍旧不断地请家长，小刚也不断地挨打，这不，又闯祸了——他把学校实验室养的小白兔给掐死了，引起了公愤，老师和同学一致要求开除他。没辙，他的父母找到心理医生，希望给孩子一个有病的诊断，让他逃过一劫。我为难地对小刚的父母说："我能给小刚贴一个什么标签呢？他才 10 岁。"父亲很强调地说："这孩子一定不正常，正常的孩子相同的错误只犯一次，他屡教不改！"

　　小刚被父母带来我的诊室时，他已经被学校暂停上学权利了。我问他："怎么，不用上学的滋味很愉快吧？"

　　小刚："屁！家里不好玩！"

　　我："不能把家里变得好玩一点？"

　　小刚叹了口气："唉！他们不让玩！"

　　我问父亲："10 岁的时候最怕什么？"

　　父亲说："我怕挨打，那时有几个很坏的同学，家里很穷，专门欺压同学来找平衡。我特别害怕惹他们，老躲闪，但还是逃不过受欺负。有一次，我穿新衣服上学，他们瞧我不顺眼，放学时不让我回家，直到把我的衣服扯开了才算完事。小刚就像我小时候班上的坏同学。"

我开玩笑地说："过去是你爸受欺负，现在你为你爹找平衡！"小刚咧嘴笑了。

我问母亲："你10岁时又怕什么？"

母亲想了想，回答："我的家教很严，不准拿别人的东西，不准撒谎，谁要敢犯这样的错误，父母就会不再要他。我特别恐惧犯错，有件事情对我影响很深。放假，我在父亲的办公室里写作业，看到办公室里的旧画报扔在地上和垃圾箱里，于是挑了几页我特别喜欢的拿来包我的书，被父亲知道了，挨了一顿揍，那是我一生唯一一次被父亲体罚。事后，父亲让我亲自把那几页纸送回去，差点还让我写检查。父亲说公家的东西烂了扔了可以，却不可以带回家。从此以后，好长的时间里我对'偷'这个字都很敏感。"

我对小刚母亲说："现在还生父亲的气吗？"

母亲说："有点！我觉得他一生谨小慎微，做人做得很累，结果是什么都不讨好。"

我问小刚母亲："如果小刚是你，他会怎样干？"

小刚母亲说："他肯定会撒谎说画报是别人送他的，跟公家无关，父亲也搞不清。"

小刚插嘴说："我拿别人的东西，并不是想要，而是要惩罚他，谁叫他们瞧我不顺眼，让他们着急，事后再还给他们。"

我对小刚说："其实，你是特胆小怕事的人，要不，你怎么会带把刀去壮胆！"小刚明亮的眼睛一下黯淡了许多。

我接着说："我觉得你特孤独，不然你就不会老在意别人怎么看你！"小刚的脸也开始沉下来。

我又说："我还知道，你特恨自己，一点都不快乐，干点坏事心里要好过一些。"小刚把头低下了。

我继续说："其实，我猜你小的时候，你父亲老叫你不要惹别人，免得被人欺负，你那样做了但一点都不灵，你和你父亲一样总是被大同学欺负，他们瞧你不顺眼。在很长的时间里，你都挺害怕与同学交往，你觉得不安全，父亲又不能理解你，或者给你提供有效的应对方法，后来你发现只有让别人怕你，你才能战胜内心的恐惧，于是你就这样干了，干得还不错。"小刚的眼睛开始潮湿，眼泪在眼睫毛上悬挂着。

我必须趁热打铁："我觉得你仍然是妈妈的好孩子，别人的东西坏了扔了没关系，就是不能带回家，你的确是这样做的，母亲不应该怪你，你其实做得很好。你做了许多恶作剧，只是希望大家注意到你……"小刚哭了起来，泪水从脸上滑落，整个人变得无助、弱小、让人爱怜。

## 心理重建

心理医生旨在修改孩子内心对自我的感觉，重建他的内心模式，让他对自己的恐惧坦诚。我对父母说，让小刚一个人哭一哭，我们到了另外的房间。我需要父母知道，孩子的问题可能是他们儿时问题的再现，他们必须容忍自己内心的焦虑，看清楚想清楚，10岁的孩子犯什么错误都是可以理解的。对这样的个案，我个人的观点是让父母和孩子一块成长，让父母反省自己，找到内心的害怕，消除自己情绪在孩子身上的投射。另外，让孩子有自由的空间犯那些该犯的错误，小时候犯错的孩子，长大后反倒不再犯那些低级错误。

有两点需要大人们注意：一是对孩子的错误不能过度处罚，批评要注意方法，不能让孩子心里留下创伤，一旦创伤形成，孩子的人格发展会受到阻碍。二是对孩子的错误不能过度保护，让他有挫折体验，过度保护的结果是让孩子无法从错误中获得经验。想想"硫酸泼熊"事件当事人刘海洋，大学都快毕业了，还去犯小学生才会犯的错误。小时候该犯的错误没犯，长大了也许会犯大错误。在接下来的日子里，我一直让父母坚持"记红账"：小刚做好事、学习好、表现出色的时候，父母给予表扬和奖励。小刚犯错误的时候父母给予理解，有意无意地忽视他的缺点，夸大他的优点。就这样，小刚在五年级的时候，获得了学校颁发的最快进步奖。

第 22 章

## 给孩子一个
## 自由的成长环境

几乎所有家庭在交流内容方面或多或少都有些限制，这些限制代表着家庭的文化意识、权力等级与家庭的"游戏规则"。

孩子若在此规则下失去了在家庭舞台大显身手的机会，其成长的动力就会随之减弱。

家庭中可能存在的一些内部禁忌会引发孩子不良的状况。我们会问孩子，家庭里有什么东西只能意会，不能言传。我们常常发现，几乎所有家庭在交流内容方面或多或少都有些限制，这些限制代表着家庭的文化意识、权力等级与家庭的"游戏规则"，从中也可考量家庭成员间的亲密距离。

　　来看看这样的一种情景：孩子快乐地回到家，兴奋地说："爸！妈！我今天的物理考试拿了95分。"妈妈认真地说："先别高兴，告诉我你班上的最好成绩是多少？"爸爸接着说："想想那5分为什么要丢。"待孩子收起笑脸，快乐尽失，躲进了自己的小屋，父母脸上才有了笑容，说道："我们的孩子还真不错。"

　　担心孩子骄傲而不敢公开分享孩子的快乐，使家庭内部的交流变得无趣，孩子想得到父母认同的热情也被挫败了。也许是文化的原因，中国的父母习惯替孩子做决定，小到穿衣吃饭，大到读书就业，仿佛不仔细管就是父母的失职。大多数喜欢韩国音乐的孩子不会和喜欢看韩国电视剧的父母交谈对韩国文化的感觉，如果这样做一定是自讨无趣。喜好争强好胜的孩子不敢与同样好胜的父亲讨论人际关系，即便讨论也会是一些虚假之词。许多孩子被明令禁止讨论父母的对错，或者参与父母间的情感活动。父母本意是为孩子好，为孩子创造理想的生存空间，结果却是忽略孩子成长过程中自然生动的、多样化的特点，恰巧让孩子失去了在家庭舞台大显身手的机会，减弱了其成长的动力。

抱怨子女缺乏自主性和独立性的父母，常常是对孩子任何独立思想与行为大加压制，形成"恶性循环"，家庭深陷其中，不能自拔。这种家庭教育中的矛盾情景，被心理学描述为家庭中的"假性互惠"。假性互惠中的家庭看起来一家子和和睦睦，父母替孩子着想，孩子替父母亲分忧；实际上，人人都受压抑与限制，个个心情都不舒畅。

回想我小的时候的家庭里，也有过许多禁忌。由于父母都有些"历史问题"，为了共渡难关，家庭内部的交流被限制在狭小范畴。我有两个哥一个姐，虽然个个天性活泼，在家里却自觉保持一种沉默，寡言少语，小心地回避与父母的争执，可交谈的东西少得可怜。只有我少不更事，喜欢胡乱评说政治上的事，嘲笑父母哥姐的胆小怕事，被他们当作"捣蛋者"，挨了不少的责罚。现在的家庭，虽然在政治方面的禁锢少了，但很多父母担心子女犯错，不惜与孩子的天性为敌，限制孩子的自由思想，孩子只能闭嘴赢得安全。一般来说，家庭禁忌越多，快乐与自由越少，家庭的内部冲突也越大。

家庭走进心理诊室，是为了帮助那个被贴上了"有病"标签的孩子，有时孩子和我一样只是一个不守家庭规则的捣乱者。如果乖乖地待在父母画定的"圈子"里，平衡与一致性被维持着，家庭并不需要谁来扮演"替罪羊"。当平衡被打破，一切内部的努力不能使"越界者"回归，家庭会求助心理医生。

被正统观点束缚的医生会热衷于扮演一个"镇压者"，通过对问题孩子的治疗性干预帮助家长重建家庭规则。这样的医生会被家庭欢迎和感谢，父母也愿意继续带孩子前来就诊，医生可谓是名利双收。就是苦了孩子，为了家庭的平稳，他需要重新压抑自己。

"离经叛道"的心理医生可能会鼓励孩子从问题中获利，并试图通过消除家庭的禁忌来使问题自然消失。这样的治疗是否成功取决于家庭对问题的领悟能力，家庭因此也要承受改变的冲击，度过一个相对动荡不安的时期。"离经叛道"的心理医生忽略了孩子的问题可能是家庭内部平衡的有机组成，会被家庭视为"危险分子"，快速脱离治疗或改换治疗的医生是意料中的事。

聪明的心理医生会摇摆于两种倾向之间，一方面和家长讨论家庭禁忌的内容与范围，赋予"禁忌"意义。另一方面，在说孩子从"禁忌"中获益的同时也遭受更多的限制。最后我们会给出一个时间计划，当孩子出现什么样的行为时，什么样的禁忌可以消失。这样既保持了家庭禁忌的"面子"，又能帮孩子通过主动参与对禁忌的消除来获得成长的利益。

# 抽动的男孩

　　绘制家谱图会帮助我们发现家庭中的"禁忌"，这是在家庭治疗前医生要做的事。家谱图必须有两方面的信息：一是硬信息，如家庭中两系三代有多少成员，排序怎样，婚姻状态，生老病死，特别注明有无精神病史、神经疾病史，过世亲属的死亡原因，成员的年龄，受教育程度，现时的工作，成年未婚者的情感状态……二是软信息，家庭成员间的情感关系，如谁和谁亲，谁与谁近，当事人小时候由谁看管、与谁亲密、与谁疏远；家庭中的权力等级，如谁说话算话，谁没有发言权；有无跨代联盟，有无明的或暗的情绪对抗，家庭内信息交流方式，价值系统，欲望与期待，核心成员（父母）对婚姻满足度的评分（0~10级）……获得这些信息，家庭治疗师就有了初步的治疗线索，形成一个或几个治疗性假设。带着这些假设，治疗师开始了他对家庭的治疗历程。

　　有一个叫小歌的男孩，今年11岁，学习成绩还算不错，就是上课时特淘气。有许多小动作，清嗓子、抽鼻涕、扮鬼脸，极富创意。同学们都不愿与他靠近，老师拿他没辙，学校也拿他没辙。学校建议他的家人给孩子找医生，许多儿科医生都诊断他是抽动障碍。看了医生，吃了药，但小歌的问题还是上课坐不稳。小歌的父母决定看看心理医生，心理医生却建议他们去找家庭治疗师，他们找到了我。在我的诊室里，小歌像是一个有些腼腆的孩子，母亲对我说："你别相信他，他是有点认生，再熟一点，你便会识得他庐山真面目。"父亲说："小歌在家里，爱跟妈妈折腾，在学校里欺负脾气好的女老师，对厉害的男老师他的怪动作就很少。"我说："据你们观察，小歌有没有很安静的时候？"父亲开玩笑地说："只有睡着的时候，算是安静的。"母亲说："看动画片、小人书，和邻居小孩玩跳棋的时候也不错。"同来的姥姥说："这孩子精力太旺盛，跟妈妈在一起要淘一点，活蹦乱跳时怪动作少，跟父亲在一起不敢淘气，眼睛却爱眨巴，嗓子也'咕咕'响。"

## 家谱图

我询问了小歌父母两系三代的情况，绘制了下面的家谱图。

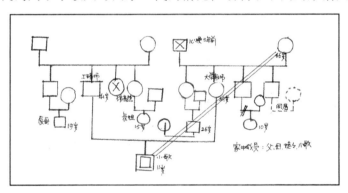

注：方块表示男性；圆表示女性；× 表示去世；// 表示离婚；双线表示亲密；虚线表示关系待定。

## 内在信息

从图中看出，除了父母，还有 5 个有血缘关系的长辈，4 个表亲可以提供对照。

我问小歌父母："你们 11 岁时，有没有老师认为你们坐不稳？"回答是否定的。

我又问："你们俩的家族中，是否有过淘气的人？"

父亲说："我大哥的孩子，小时候也比较淘，跟人打架，转过两次学，上大学（18 岁）以后才变得稳重起来。"

母亲说："我的幺弟从小不好管，父母很娇惯，我们做姐姐的也不敢说，至今游手好闲，32 岁婚也不结。大姐生活在外地，她的孩子（26 岁）比较懂事，现在已经大学毕业，娶了媳妇。三弟的女儿（10 岁）要差一些，有癫痫症，学习很困难。"

随行来的姥姥插嘴说："其实，老幺小时候惹的祸还没有老三大，老三像他爹，脾气大，一根筋地认死理，得罪人不少，长年累月，总有人家来告状。"

我问父亲："小妹的女儿怎样？"

回答说："很乖，学习很好，当班长，我经常要小歌拿他表姐当榜样呢。"

小歌抢话说："我可比表妹强，表妹常常考试不及格！"

母亲瞥了他一眼，说："表妹那是有病！"

小歌说："我也在吃药！"

我们都展颜一笑。我说："如果梁山英雄排座次的话，在你们看来小歌比表哥表姐差，比幺舅表妹好。"


## 猜谜游戏

我让大家来猜一猜小歌长大后会像家族中的谁？

父亲说："我希望他像他的表哥，小时候该淘的时候淘一淘，上中学以后就开窍。"

母亲说："最怕像他的小舅，过了 30 岁还让母亲和姐姐为他操心。"

我问姥姥，姥姥说："我瞧着小歌没啥事，谁家男孩子小时候不像那孙猴子，上蹿下跳，七搓八痒，大了就收敛了。"

我笑着对大家说："如果要让小歌变得沉稳些，你们说至少要等多少年？"

父亲立即回答说："5 年吧！ 5 年后的小歌是男子汉。"

母亲迟疑地说："我希望心理医生能帮助他尽早摆脱困扰。"

我对母亲说："请不要考虑医生，再好的医生也不能把小歌 16 岁才办得到的事，现在就办到。"

妈妈有些犹疑地说："也许 3 年，我们的小歌就是坐得住的小歌。"我问小歌，小歌说："医生叔叔，我现在不是坐得很好吗？"

谈话在其他方面继续进行，时间也在考验小歌坐的耐性，在整个面询过程中，小歌的小动作，如清嗓子、抽鼻涕、扮鬼脸几乎没有出现。


## 消除悖论情景

结束的时候，我对家庭说："我们应该给小歌 5 年的时间去发展他的自我控制力，每个孩子的神经稳定性和心理能力可能不一样，小歌有小歌的特点，这种特点在生物学意义上并不一定是弱点，但在社会学、医学规则下却可能被视为一种缺陷。好在你们的家族成员里，小时候类似多动的行为很多，大多能平安地渡过，我猜小歌也会给你们一个肯定的答案。"

**利用家谱图软化疾病**

　　家庭治疗师根据家谱图提供的线索去解释小歌的症状行为，目的是要给家庭一种暗示：小歌的问题只是成长中的问题，对小歌的治疗与期待要循序渐进，不能急功近利。很多心理困扰都易于陷入一种悖论情景：越想解决问题越是陷入麻烦，解决问题的行为构成问题本身。利用家谱图资料软化疾病概念是家庭治疗师常用的技巧。

第 23 章

**望子成龙，
适可而止**

---

　　父母无私地为孩子付出，会自然寻求一种心理补偿，那就是孩子必须努力，为家庭争面子。

　　孩子们哪怕是在休闲的兴趣与爱好中，都被父母融入竞争意识，要能出类拔萃。这就把一种简单的娱乐放松、陶冶情操的乐趣转变为一种求生的压力。

不少研究教育的学者认为，望子成龙是当今社会对孩子无休止施压的心理根源，呼吁家长们应该对自己孩子的能力有一个恰当的认识，并给予合理的期待。不然的话，欲速则不达，反而帮了倒忙。人有不一样，花有千样红，家庭恰如其分地引导自己的孩子的确是非常重要的。

　　不过在我看来，"望子成龙"其实是一种跨文化现象，东方如此，西方亦如此，区别只是各自期待的内容有所不同。西方人比较重视孩子的独立、自我解决问题的能力；东方人重视孩子的孝顺，能被社会认同，如学习好。中国的文化原型中，教育的意味本就大于慈爱的意味，许多代代相传的故事都在强调"严教出孝子""黄荆棍下出好人"。望子成龙甚至可以引申到自然界，许多生物（动物）种群会强迫后代学习求生的本领，鼓励它们超越父母，父母甚至甘愿做牺牲品。现代学把这种现象称为"基因意识"，即每个基因种群都有一种要求自己被无穷复制、放大、延续的"自私"。望子成龙何尝不是父母期待从孩子的发展中得到自我生命价值被延续的内心满足，这显然就是一种人类固有的心理特性。当然，我们觉得20年前中国的望子成龙现象并没有像现在这样被夸大与滥用。如今，父母对孩子能力的期待已经到了一种极端状态。

　　在多子女的家庭里，父母对孩子的期待会被自然地分类，对能力好的孩子期待会大一些，对能力差的孩子可能会迁就一些。精神分析学家阿尔弗雷德·阿德勒认为，子女在家庭中的排行决定个人的心理位置，父母对他的心理期待也会有所不同。一般老大有一个特殊位置，被关注和承担的责任较多，从小发展比较好。老二具有一定的竞争力，常常期待超越老大赢得父母的关注，所以，如果老大很优秀，老二的心理压力就会很大。老三与以后的中间的子女，会有被挤出局的感觉，如果他们不是出奇地优越或出奇地捣蛋，父母给予他们的关注与期待总会少一些。老幺却是家庭的宠儿，被父母关爱很多，内心幼稚，行为却往往最易离经叛道。独生子女的心理特征既像老大又像老幺，父母会把对后辈所有的期待与娇宠都压在他身上，因孩子引发的欣喜感和挫败感都会很强。

心理学认为，父母无私地为孩子付出会自然寻求一种心理补偿，那就是孩子必须努力，为家庭争得面子。为了这一目的，孩子们哪怕是在休闲的兴趣与爱好中，都被父母融入竞争意识。父母非得让孩子的爱好能出类拔萃，把一种简单的娱乐放松、陶冶情操的乐趣转变为一种求生的压力。

心理医生在面对家庭时，也会受到家庭"望子成龙"的压力。许多因孩子不能好好上学的家庭，希望医生的介入使孩子的学习发生奇迹。对这种治疗期待，心理医生要小心处理，为了满足家庭期望，心理医生无意识地会给孩子增加压力，渴望孩子改变以赢得家庭的认同。这样一来，心理医生实际上被家庭控制，成为补偿家庭功能的工具。心理医生如果想走纯学术道路，拒绝家庭对治疗的期待，容不得家庭有自己的声音，势必又不近人情。为了让家庭配合对孩子的治疗，医生不得不用心理教育培训当事人，等待家庭的成长。为了消除家庭的阻抗，把治疗搞得冗长无趣，心理医生自个也苦不堪言。

儿童心理学家斯特林提出一种亲子关系中的派遣理论，认为父母把自己成长中未竟的事业和期望投射给孩子，造成一种派遣过度。孩子在成长中心理负荷太重，不容易体验到成长中的自我满足，因此少有发展的动力。反过来，父母过多地关心自己，不愿意被卷入孩子的教养中，又会形成派遣缺失。孩子缺少阶段性目标，也没有来自父母积极的反馈，这会阻碍孩子成长的期望。让孩子做他力所能及的事，是心理医生在家庭治疗中的主导方向。

# 关系大于教育

有一次和朱明瑛做节目，她带来了她的男孩，18岁，非常阳光灿烂、聪明懂事。我问："我们都知道你是单亲妈妈，这样好的孩子是如何教育出来的？"

朱："我觉得应该不是教育出来的，是天生的吧，我和他父亲都是比较开朗的人。"

主持人问："单亲子女的教育会是一个问题，你是如何克服的？"

朱："不要试图教育他可能是更好的教育，因为教育孩子是以自己的价值观为标准的，不一定适合孩子。"

我："如果你觉得有一个观念让你与孩子相处获益的话，是什么？"

朱："和孩子建立好的关系。"

主持人问："什么样是好？"

朱："彼此相信、尊重、欣赏、信赖的关系。"

好的教育会体现在好的关系中，好的家庭不用刻意地教育，孩子在好的关系中就知道该怎么做，所以这时望子成龙就不再是难事儿。关系是什么意思呢？关系不是依赖，而是平等，即孩子有话可说，家里也没有什么禁忌。有些家庭有一个标准、忌讳，不允许孩子干什么，或者是不允许孩子说什么。关系好的家庭氛围是很轻松的，孩子跟爸爸妈妈像朋友，孩子有话都可以说，不会因为自己是哈韩族就不敢说，也不会因为爸爸在家就不敢听音乐。同样哈韩的话，会引发家庭的共情，爸爸妈妈也会从孩子喜欢韩国的东西，看到韩国文化的某些长处，这就是好的一面，是平等、互相尊重的关系。在这样关系的现实里，你不用教育孩子，因为你的审美观、价值取向会通过这样的共情传达给他。如果爸爸喜欢读书，有一个很好的书房，儿子就会收集书，就会有自己的书房。好的关系的家庭没有防护和敌对，没有隔离，所以孩子是最容易模仿父母的，所以好的关系要先于教育。

凡是带过小孩的父母，可能都有一些亲身的体验和感觉：在许多时候，孩子某些行为问题只是在家庭里、在父母的身边才表现出来，换一个环境，换一个人就有很大的不同。在外面是一只小绵羊，回到家里就变成了小疯牛。在发达国家和地区，如加拿大、美国等，精神医生和心理辅导人员会认为，孩子的异常是父母不能很好地扮演双亲的角色造成的。他们一方面开办父母学校，帮助成人学会与孩子相处；另一方面也会把这种行为紊乱的孩子收治入院，热衷于用一个好父母的形象来帮助儿童走出紊乱期。这样的方法虽然在一定程度上缓解了家庭内部的麻烦和冲突，但却"产生了大批有家归不得"的儿童病人。

家庭治疗师不同意将孩子从父母亲身边隔离，认为孩子"变异"了的行为正好是与父母接触中慢慢发展而来的一种"适应性行为"。治疗大师米纽琴通过观察、交谈提出"父母管教孩子的方法是互相抵消的，一加一等于零"。的确，在我的临床治疗中，发现许多儿童的心理或行为问题是父母的教养观点不一致，但却都要争夺教育权所致。相互矛盾的教育方式会让孩子有无论如何做都是错的感觉，久而久之就会发展出一种"混乱"的行为来逃避这种两难情境。

心理医生劝导父母在与孩子相处时，应有三个原则：

第一，要积极地倾听，等孩子把话说完、说清楚，有时要设身处地地想一想，不要听风就是雨，忙于纠正，结果是越纠越偏。

第二，要注重与孩子的相处关系，不要只注重教育，在与孩子关系不良的时候千万不要过分教育，这样做只会引起孩子的逆反心理。一般来说，好的关系胜过"好"的教育。

第三，父母在教育孩子时，一定要避免矛盾信息，也不能朝晴暮雨，如双方意见有分歧，也要避开孩子来讨论。同时，一个家庭里规矩不能太多，简单的几条，孩子也易于遵守。做到这些，教育好一个孩子并不难！

心理发展方面有很多理论，但更多的是一种多样化的理论，认为孩子没有什么好与不好之分。好与不好是来源于我们大人的观念，是我们大人在接受了某一种教育思想以后，用那样的思想去观察自己的孩子，包括分析他的行为，得出对错。

但首先要来分析这个工具，你所接纳的这样一个有一定价值导向的教育理念是不是真正就能够代表全体孩子的利益，或者说它是不是唯一的观察方式或正确的方式。就像我们拿一个尺子去量一个东西，假如根本不去研究这个尺子是不是标准的话，那么我们能把一个东西度量清楚吗？肯定是不可能的。

父母要研究我们的教育理念是一个什么样的尺子，这样的尺子在量什么东西的时候可能是准的，而在量什么东西的时候可能是不准的，这就涉及主流文化和非主流文化中的差异。比如说弱势人群，弱势人群的孩子生活在弱势的环境里，我们用一种强势文化去度量它的话结果会怎么样呢？有很多问题是我们看出来的，很多孩子的问题是被家长的观念看出来的。我这本书是给大家参考的，不是一个所谓正确的东西，只是提出一些怪怪的想法。我在书中谈到，其实跟孩子的关系大于对孩子的教育，假定这个孩子是非常好的孩子，是一个善良的、有爱心的孩子，假如我们接受这种假定，我们对孩子相对就比较放心，我们知道孩子会做出适合他成长的一些选择，爸爸妈妈就不会替代他们做选择。

第 24 章

## 为孩子
## 减压的艺术

父母要帮助孩子面对他成长的压力，一方面要帮孩子处理焦虑，另一方面也要让孩子学会和焦虑做朋友，把焦虑看成是人生的一种发展动力。

在一个家庭里，无论孩子有多少心理或行为方面的麻烦，只要学习过得去，家长一般不会带着孩子去找医生。一旦孩子的学习不好，家长很容易从孩子身上找到"原因"。在我的门诊里，我会问："如果你孩子的心理问题治好了，父母怎样能看出来？"父母的回答常常是："孩子能做到爱学习和学习好"。

　　有一个家庭，父母都是高级知识分子，家庭经济不错，孩子的学习环境和条件都很好。父母事业有成，对孩子的期待也高，打小就让她学外语、画画，钢琴考级，游泳比赛，可谓全面发展。可偏偏到了14岁（初二），女孩得了"社交恐惧症"，见人就脸红心慌，严重的时候不能坚持上课。父母虽然好强，看到如此痛苦的孩子不得不软下心来，给孩子充分减压。孩子的上学成了三天打鱼两天晒网，她本是班上的尖子生，不久却成了学习的"困难户"，家长身处两难，内心焦虑日渐明显。

　　面对这样的家庭，心理医生不会鼓励家庭继续替孩子减压，而是要父母看清家庭内部的互动是如何把孩子的"问题"扩大成家庭的问题的。父母需要维持家庭的内在规则，孩子必须自己面对她成长的压力。比如，承认社交恐惧会影响孩子的人际感觉，或者会影响她学习的效率，但不会影响她校外的生活与学习。我们会跟家长说，真正的问题不是"社交恐惧"，这种恐惧人人都会有，人人都要学会过这一关。真正的问题是恐惧引发的对成长责任的"逃避行为"，不鼓励逃避，就减少了恐惧的负性影响。父母有意减少对孩子"社交恐惧"的关注，孩子的麻烦也会少一些。

心理医生在帮助问题孩子学习自我控制与自我放松的同时，会按照家庭对治疗的期待做一些工作，如着手为孩子重建一种行为规则，或者督促孩子去完成一个学生应该完成的学习任务，乍看起来，像是心理医生在替代父母给孩子施压。

社交焦虑使孩子可以不遵守社会规则，随心所欲地活着，还能不被父母责难，这个问题使孩子获益。这样的获益虽然不是孩子预知的，但逃避压力后的身心松懈，会使孩子的病慢性化。心理医生过多纠缠于改变孩子的症状，忽视强化她进取的欲望，也有可能弱化孩子的能力，使她固结在对疾病的恐惧中。反过来，我们接受社交焦虑是一个最普通的情绪现象，把关注点放在孩子表现正常的生活情景里，给她一个她自己还不错的暗示，孩子对焦虑的关注也会减轻。

我们不把"病"看成是一种被外部强加的东西，而把它看成是孩子内部愿望的一种"婉转"表达，把它解读为一种与父母互动中的需要。这样，问题的受害人就演变为问题的行为者，孩子不得不面临对疾病新的感觉。我们甚至会装作很惊讶地问孩子："你怎么做才能让焦虑控制你，怎么做才能让父母允许你舒舒服服待在家？"我们会装作欣赏她，说她很特别，有特别的办法来应对别人应付不了的事情。

在帮助孩子处理焦虑的同时，又要孩子学习与焦虑做朋友，把焦虑看成是人生的一种发展动力。我们诱导孩子说出我们想让她说的话，并向她保证不去告诉父母，等孩子流露出她的真实想法后，我们尝试跟她达成私下的协议，讨论如何做才能让父母大吃一惊。我们与孩子讨论改变的阶段性目标，这个目标不是治病，也可能不是学习，而是孩子在情绪行为方面的不同。变得更好还是更糟由孩子决定，基本上孩子都会选择变好。

我们让孩子观察行为改变对父母的影响，同时又让父母把观察到的情绪变化告诉我们。在和家庭讨论这些变化时，孩子得到心理满足和正面鼓励。如果心理医生只关心孩子的症状，倾力训练孩子应付焦虑、恐惧的技术，或者为她设计行为脱敏治疗或暴露疗法，以为孩子挣脱社交恐惧一切都会万事大吉，这样的心理医生只能算半个心理医生。

# 口吃的孩子

那天，本是一个阳光明朗的日子，我却正面对一个 14 岁的口吃孩子，我的表情是僵化的，心揪得很紧，满心阴霾，不知道该如何帮助他来表达。我努力地想宫特老师和西蒙教授的话，但我的心似乎并没有真正地放松。孩子正在艰难地、非常执拗地用重复与停顿的语句表达着他渴望治疗的意愿。在母亲的帮助下，我知道了孩子的口吃是在 6 岁时开始的，刚开始的时候只是觉得孩子不太爱说话了，尤其不说长句子了。后来上学，才发现他的口语表达真的不行。我逐渐把注意力放在他的父母身上。他的母亲是小学教师，人显老，面容很憔悴，坐在孩子的侧后方，不时地用手碰触孩子的前臂，仿佛是在鼓励孩子坚持。但我发现，孩子说话时不停地在看父亲，孩子的父亲却权威而庄严地坐着，不愿流露出一丝情绪。

## 内在信息

孩子的父亲是一个政府官员，我原以为他的矜持与他的身份感有关，后来我渐渐地觉得孩子的口吃中有一种潜在的矛盾信息，一些只有他的父亲能读懂的东西。孩子对父亲的关爱有一种渴求，同时又明显地对父亲有拒绝，为什么会这样？我观察到母亲同样有一种复杂的情绪，有一些坚定，甚至有几分热烈，同时还有一些沮丧。原来，这是一个离婚的家庭，8 年前丈夫与妻子分道扬镳。由于孩子的病，离异的父母不得不经常待在一起，在外人看起来他们仍旧是一家子。我有了第一个治疗性假设。我对父母说："你们真了不起，离婚 8 年，仍能彼此关心。"父亲的脸上有一点释然的笑。我紧接着对他说："如果孩子的病一下好了，你还愿意经常回家吗？"父亲迟疑地点点头，然后又摇摇头。母亲有点神经质地说："他回来也帮不上太大的忙，孩子见了他，口吃更厉害"。

## 家庭阻抗

我问父母如何看待口吃，希望能找到一些差异。但这个家庭非常"团结一致"，他们都坚信孩子的口吃是一种构音障碍，是一种生理疾病，与父母之间的情感无关，只要医生水平够高，孩子就能治好。对疾病的概念决定家庭应答的模式，好的概念系统建构好的家庭模式，问题会变小；不好的概念系统建构糟糕的模式，问题会变大。我用改译的方式说："我感觉孩子的口吃好像是对父母的一种不满。"父母立即变得警惕和防御，孩子也因为父母的情绪变得焦躁，他大声但却顺利地说出"不对！"这两个字。在心理治疗中，心理医生会创造一些说法，来观察家庭的反应，从中找到家庭无意识隐藏的症结。

## 存在奇迹

在治疗陷入僵局的时候，我问孩子："如果存在一种奇迹让你的口吃一下就好了，你猜会是一种什么样的奇迹？"孩子想了想，结结巴巴地说："除……除非，时……光……光……倒流，回……回……到……6岁……前。"6岁前这个家是完整的，6岁以后，孩子失去了父亲。这时我们听见母亲有一声压低的叹息，家庭的"坚冰"有些破裂了，这下有了两个阵营，一边是母亲与孩子，一边是孤独地承担着罪责的父亲。事实上，孩子一直深深地敬仰着和爱着父亲，但他的意识在压抑这种情绪，而母亲依然还生活在一种尊严和矜持中，外表过分地要强，内心却十分脆弱。孩子的口吃有极好的家庭功能性，它既可以满足母亲继续把一种精神力量通过儿子灌注给她的前夫，表达一种无形的情感羁绊（没完没了）和道德谴责（谁是谁非）；又可以让孩子逃避一种矛盾情景，由于口吃，他无法攻击父亲，也无法放弃父亲。

**乘胜追击**

我继续做出假设："如果有一天，你的口吃突然好了，但你不想告诉父母，他们能看出来吗？"

孩子笑了，说："看……不……出！"

我接着问："如果有一天，你的口吃突然好了，但你已经习惯口吃了，不那么想好；或者你发现口吃并不坏，反倒有些好处，比如，可以让父亲天天回家看你，你如何让口吃留下来？"

这可是一个奇怪的问题，孩子停顿良久，突然口齿很清楚地回答："那就装呗！"

我继续："假如你需要有人帮助你把口吃保留下来，或者让口吃变得更糟，谁能帮助你？"

孩子嘲弄我说："医生！"

我再问："如果你能决定，你想把口吃保留多久？你打算让它陪你到多少岁？"

孩子用手向我比画了 18 岁。

"为什么？"

孩子回答："能养……活自己！"

我看到母亲似乎被击倒了，她的眼中第一次有了痛苦。我让家庭明白，也许母亲在无意识中更需要孩子口吃。

我不想停止："假如你已经好了，但仍需要让父母看到你有口吃，而且你已这样做了。我是你的医生，我如何发现你的口吃是真实的还是装出来的？"

孩子像回答脑筋急转弯："他们不在的时候……那我不口吃！"

我转头对父母说："孩子一个人在家时，是不是一点都不口吃？"母亲点点头，并拿出一盘录音带，说："你听听，他自己朗诵的课文。"

我打开录像机，那里流淌出一个孩子年轻、自信的声音，我看着孩子，对他眨眨眼，孩子的脸上有一种茅塞顿开的表情。

## 日渐好转

之后孩子成了我的常客，每两周都要来看我。他的口吃日渐好转，他的父亲已经不常回家了，母亲也少了那些表面的矜持，对人的态度和缓且宽容，并且有了一个亲密男友。半年以后，我告诉他："其实，你并不是真正的口吃，而是一种口吃恐惧，是社交恐惧的一种。我对你的治疗是帮助你获得与人交往中的自信和愉快感，转移你对说话本身的关注。"孩子幽默地说："我知道你在拿我的口吃说事。"回头看看同来的母亲，我们都笑了。

# 第 25 章

## "过渡期"
## 孩子的行为紊乱

　　处于过渡期的孩子，特别容易把想象中的"现实"和生活中的现实相混淆，搞出许多荒诞不经的笑料来。一方面，父母要留出空间来尊重孩子的隐私，避免用非此即彼的是非观乱贴"标签"；另一方面，也要用多元价值观引导孩子，改变他们思维的极端性和片面性。

不现实是过渡期孩子的通病，他们特别容易把想象中的"现实"和生活中的现实混淆，搞出许多荒诞不经的笑料来。比如孩子们突然开始信神疑鬼，追求神秘主义，开始喜欢看鬼片、恐怖片、侦探和探险故事，在他们的房间里可以看到用铅笔绑成的十字架或彩笔画出的"灵符"。在考试的前夕，孩子会做无师自通的"祷告"，或者是其他一些仪式性动作，冷不丁可以吓你一跳。穿什么，吃什么，做什么似乎也一夜之间就有了各种禁忌。有的孩子还可以大谈死亡和世界末日，仿佛他们是最忧国忧民的一群人。

　　对付这些情况，父母要学会睁一只眼，闭一只眼，认同孩子可以拥有一些"行为紊乱"的权利，只有糊涂一时，方可聪明一世。性急的家长可以回想自己在相同年龄时的糟糕表现聊以自慰。过渡期的孩子学习会受到影响，但却不要把过渡期的问题看成孩子学习不好的原因，这样的解释极具诱惑，孩子大人都省心，但后果却适得其反。成长是要付出代价的，父母要后退一些，留出空间来尊重孩子的隐私，避免用非此即彼的是非观来乱贴"标签"。精力旺盛的父母最好用多重性的、多元的价值系统来引导青春期的孩子，开阔他们的眼界，改变孩子思维的极端性和片面性。

　　心理医生鼓励家庭改善父母与孩子、父母之间的关系，增强家庭凝聚力，让孩子的过渡期快快结束。在婚姻分裂的家庭，父母也要违心地扮演"欢喜鸳鸯"，待孩子走出过渡期后，方才各奔前程。在北美和欧洲，过渡期的孩子要接受定期的心理辅导，在非洲、南美较为落后的地区，这一时期的孩子常常可以得到宗教祭司和教会的帮助。东方民族深层意识中依然是家庭至上的，喜欢"窝里折腾"，一般轻易不求助于社会（医生除外）。孩子深陷过渡期并不是自己成长的动力不够，往往是盲目的父母火上浇油搞出的大麻烦。

走出过渡期的孩子有什么标志：他们知道自己要什么，对自己知冷知热，知寒知暖，也可以温和地对父母说"不"；放学回家父母的"火眼金睛"不再能读懂他们的脸，也听不见他们抱怨老师和同学不够"哥们儿"；他们突然对神、鬼、怪不再那么有兴趣，捆扎的十字架已解开。尽管他们可能还残留了一些"行为问题"，但已有平常心，乐于将此看作个性与习惯。他们已能分清什么是父母的问题什么是自己的问题，不再忙中添乱，他们自信无论沧海桑田，自己仍是父母最爱的人。

与过渡期的孩子相处，父母只要放下架子，保持兴趣，增加热忱，解除约束应该不成问题。需要担心的是：本身还未走出过渡期的父母又要面对过渡期的孩子，真是犹如"盲人骑瞎马，夜半临深池"。还有的父母，孩子已经渡过磨难大踏步向前，自己还陷在泥潭里愤愤不满，仿佛自己尊严扫地，受了很大的伤害。其实，走出过渡期的孩子，对家庭情感有一种回归，他们真正知道心疼鬓发染霜的父母。最糟糕的父母由于害怕失去孩子而死命拽着孩子，对孩子的问题和过错纠缠不清，形成一种家庭矛盾纠结。

不聪明的心理医生走进家庭替代父母的角色，去教导"两代孩子"，这样做有些劳民伤财。聪明的医生会把父母拽入泥潭，分享孩子在过渡期的挣扎，重温自己早年的困惑，为家庭营造一种有福同享、有难同当的气氛。当孩子安全上岸，父母也会亦步亦趋地体验到压抑后的舒展和困苦后的甘甜。

# 被强化来的病

　　精神世界是一个很奇怪的东西，如果你注意不到它，它似乎就不存在。害怕蜘蛛的人，总是在不经意间发现蜘蛛，从而引发内心的恐惧体验。这是一种精神关注，关注是一种强化，会使一个普通的情绪症结变得泛化。又比如说，每个人在考试前都会有焦虑反应，许多人无意识接受这种焦虑，认为它们是自然存在的，是考试前的一种情绪状态。这样的人注意力一定不在焦虑上，一旦进入考场展开试卷，焦虑的情绪就悄然而去。而另一些人，无意识中讨厌这种情绪体验，认为考前的焦虑反应是不自然的，甚至是病态的，他要努力纠正或者克服这种情绪，这就形成一种很强的精神关注，结果把焦虑搞得很大，就像在内心摆开了战场。很多大考前的学生都想到心理医生这里来讨经验，希望有什么灵丹妙药能使自己在考试期间精神放松，我对他们说："如果你真正做到放松，考试反倒会受影响。"事实上，紧张的状态是一个意识缩窄的状态，利于屏蔽无关信息，集中心智，像一种大智若愚的样子。而放松却一定会注意力涣散，受各种信息的影响。

　　许多考生会说考得不好是自己紧张引起的，我觉得在这个世界上，一件事与另一件事有时并没有真正的连带关系或者因果关系，但如果我们坚信它们是相关的，我们常常就可以发现相关的证据。考试前的失眠、焦虑，考试中的噪音、不舒服的座椅，你认为它们会妨碍你考试时的水平发挥，它真能形影不离地蚕食你的精力，消耗你的智慧，磨灭你的斗志，直到你的考试变得惨不忍睹。如果你认为考试前人人都会失眠，人人都该有焦虑，考场中总会有许许多多的噪音，它们与你考试的结果并无太大的关系，结果失眠、紧张、噪音真的不怎么来影响你。

我在学校做讲座时经常会说，好学生可以通过强化培养出来，表扬她的优点，及时地鼓励和夸奖她，让她在学习这个行为上得到奖赏和内心满足，她会无意识地喜欢上学习（寻求满足），学习自然就好起来了。差学生也是被老师关注出来的，一个学生总被老师指出在学习上有这样或那样的问题，他在学习或一些正性行为上得不到及时的奖励，反倒是不愉快的批评很多，慢慢就会讨厌学习（逃避苦恼），自然也就成不了好学生。不恰当的批评会把一些小问题搞成大问题。

## 秀秀的口吃

我在诊室里见过一个 18 岁的女孩，很秀气，模样也很漂亮，我们叫她秀秀。她的问题是口吃，但她的口吃很奇怪，在陌生人面前不口吃，等你跟她混得有点熟了，她的口吃就出现了。口吃引发了她的自卑，学习动力不够，人际关系也不好。不过，从第一次来看门诊，秀秀说话虽然有些慢，但口齿却很清晰，没有口吃患者那些典型的症状，如停顿与重复。我开玩笑地对秀秀说："你总得做出些口吃的样子来让我知道你真是一个口吃病人。"或者问她："秀秀，我如何对你，会让你紧张得出现口吃？"秀秀总是不回答，但还是一遍一遍地来看我，她说在我这儿，说话特别轻松，这个感觉可真好。我对秀秀说："你在谁的面前，口吃最厉害？"秀秀答是母亲。

## 家庭的故事

秀秀是大专一年级学生，学习市场管理，母亲是一个中学教师，为人很严肃刻板，父亲个性怯懦，家里是母亲说了算。秀秀从小都是由母亲来教育的，说到母亲秀秀的脸上浮现一片乌云。我打电话约母亲前来门诊，当母女坐在我的面前时，秀秀真的变成了一个口吃的病人，她说话很紧张，语言尽可能地短，说长句子时出现停顿。最后秀秀紧闭着嘴，不再说话，只是点头或发出单音来应对我的提问。母亲对我说，秀秀在5岁时出现口吃，做母亲的她真费了不少的心，每天都要强迫秀秀做发音训练，强迫秀秀必须口齿清晰地说话，有一次，为了纠正一个句子，秀秀被迫练习了10个小时。当然，医生已看了不少，花了不少钱，秀秀也受了不少罪，结果是口吃时好时坏，母女关系却越来越糟糕。

## 口吃恐惧

我对母亲说，秀秀不是口吃病人，而是口吃恐惧，是因为害怕口吃而口吃。母亲很歉然地说："其实我后来已经知道，但积重难返，每当看到秀秀说话时脸红筋胀的样子，我心里就急，脾气也大。"说着说着，母亲的眼泪就落了下来，一直不愿说话的秀秀突然开口说了声："妈，我不怪你！"然后拿出纸巾递给母亲。我想这正好是让秀秀突破内心禁忌最好的时机，我对秀秀说："你只是害怕说不好，其实你的语言能力是很强的，现在你可以慢慢地开口说话！"秀秀努力地张开了口，语言像小河水般慢慢流淌出来，没有再出现停顿与重复，她的母亲非常惊讶地注视着她……秀秀的口吃，在心理医生看来就是不当强化的结果。孩子小的时候构音系统、语言理解和表达系统都不太完善，出现口吃，或在紧张的情形下说不出话都是非常自然的现象，如果父母过度关注这些问题，问题就在无形中被放大了，像滚雪球，越滚越大，直到形成真正的疾病。

第 26 章

## 谁在以爱之名，
## 牺牲孩子？

父母无意识地通过孩子实现权力欲、控制欲、自我中心，然后是心理获益，牺牲孩子满足道德需求，从孩子身上寻求价值感，或逼迫孩子实现自己早年的未竟事业。

孩子的每一个行为障碍都隐含着一种关系补偿，补偿幼时被父母欠缺的东西。

儿童发展心理专家认为，孩子自我成长中最重要的是形成完整的自尊、自信、自立的心理能力，这比孩子的其他能力要重要十倍百倍。自尊像是孩子的灵魂之杯，只有它完整时才能盛满爱、智慧与良知。父母无意中挫败孩子的自尊等于是给这个杯子戳了一个洞，不管孩子今后一生中多么努力与辛苦，他的灵魂之杯仍会是空空如也。试想，一个敢对父母叫板说自己是坏孩子的孩子，他的心灵早已是百孔千疮。我们大多数的父母表面上渴望孩子成长成熟，但内心深处仍旧害怕孩子有一天会不再温顺听话，但孩子向父母对抗叫板的那一天或迟或早总会到来。

我们的文化较多关注父母为子女奉献多少，绝口不提父母从子女身上的诸多获益。首先是关系获益，不少的父母无意识地通过孩子实现权力欲、控制欲、自我中心；然后是心理获益，牺牲孩子满足道德需求，从孩子身上寻求价值感，或逼迫孩子实现自己早年的未竟事业。

早在 20 世纪 70 年代，美国与西方其他国家的社会学者、教育家、心理学家联合起来对家庭的负面作用进行研究，认为家庭在保护人的同时也是最会伤人的地方。许多青少年带着残缺不全的身心从家庭走入社会，给社会带来极大的不稳定。所以，西方国家才有了许多相应法律来监督和限制父母对子女的权利。看电影《刮痧》，你可能会嘲笑美国的法律制度，把它看成是东西方文化的差异，但这样的"差异"的确更好地保护了许许多多受父母虐待的孩子。

经典派的精神分析学者，几乎对每一种心理困扰、内心冲突和行为障碍都勾画出一种与早年经历相关的心理创伤病谱，这个病谱就是创伤发生的时间序列。比如缺乏安全感、依赖和边缘人格是在婴幼儿期（1岁以前）缺少母爱，或者母亲的态度生硬，没有让孩子确立对他人的信任。人际关系不良、不能与人形成亲密关系、贪食、厌食是哺乳期未得到充分的口腔满足（吮吸奶头）。而贪婪、敌意、讽刺挖苦、爱批评人与儿童长牙以后未充分满足嚼咬的快感有关。内向、压抑和强迫性人格与儿童在1~3岁时正常的情绪反应，如愤怒、生气、破坏、宣泄被父母过度控制有关。残忍、无同情心、侵略性和病态人格，反过来又是因为这些情绪未被正确地引导、家庭内缺乏规则，诸如此类，难以赘述。

心理分析的病因诊断一般也要定出障碍源于什么时期，如共生期、分离期、口欲期、前恋母或恋母期等。对现在的父母来说，如果认识不到家庭在培养孩子爱心、善良和助人为乐的同时，也会滋生孩子的罪恶感、攻击性、叛逆倾向和自私自利，你肯定不会是一个好父母。

一个整合取向的家庭心理治疗师，在听取家庭的故事时，很注意观察与分析家庭的权力等级、亲密关系与行为序列，分析孩子与父母之间的情感、信息是如何交流、互动、分歧、对立、矜持和认同的。

我们常常觉得孩子的每一个行为障碍，都隐含着一种关系补偿，补偿幼时被父母欠缺的东西。父母不能从一个轴向看待孩子，而应在一个横断面对孩子说："你都这么大了，还……"我们也看到这样的家庭情景，父母总是通过一些否定性语言来评价孩子，当这样的信息达到一定的量，孩子会不加识别地把它内化在自己的意识里，慢慢地真的发展出那些糟糕的个性。如果父母总是用肯定性的语言来激励、欣赏孩子，孩子无意识间就会呈现出良好的心理特性，这类现象被心理学称为语言的雕刻作用。经常埋怨孩子不好好读书的父母，是怕孩子不肯用功学习，这样的叮咛嘱咐会让孩子慢慢琢磨出，他要击败、控制、惩罚父母的最好办法就是拒绝上学。一个平时学习很不错的 15 岁孩子，突然向父母宣布从今以后不再上学，这无疑是家庭里的十级地震。父母极度慌乱地带着孩子来请求医生的帮助。

在面询的过程中，我在父母眼睛里读到深深的震惊与挫败感，而孩子却心情平稳、态度坦然地述说他的种种不适。他在人多的地方、教室或公共汽车上会感觉紧张、恐惧、呼吸困难，直至晕倒。这个家庭里原本强悍的父母变得十分可怜，放下架子小心地央求孩子去学习，孩子却坚持治好了病才能上学。就一般的医生来说，诊断孩子患有广场恐惧症是很容易的事。把不上学归因于孩子出了心理障碍，一方面让孩子不上学合理化，另一方面使父母转为关心孩子的身体，改善了亲子距离。看起来是双方获益的事，却隐含着一种成长的损失。

狡猾的医生知道，孩子不会那么轻易就放弃"得病"获得的权利，私下里我们会"夸奖"孩子的聪明，故意说我会帮助你从家庭里获得更多的利益。在和孩子"结盟"后，我们会提醒孩子疾病只是生活中很小一部分，大多数时间他很正常，暗示他学习和治病需要齐头并进。同时，我们也会帮助孩子处理感觉层面的焦虑，告诉他感觉这个东西有很大的自我建构色彩，是人对环境的心理反应、焦虑感觉，你不说别人是看不出来的。我们极力把面前的孩子描述成快乐自主的孩子，直到给他创造出快活的心境来，而快乐的孩子会自己脱掉疾病的面具。

# 不停洗手的孩子

　　人总是生活在一种关系现实中，许多情绪、行为或症状都会指向特定的人，或者特定的场景。把这些情景化的东西找出来，行为的意义可能会一目了然。美国家庭治疗大师萨尔瓦多·米纽琴与默里·鲍恩、弗吉尼亚·萨提亚被称为家庭治疗的三大创始人。在和"不停洗手"的康康的接触中，米纽琴表现出一种成熟的心理治疗师的风格，首先是接纳与认同，不把问题看作问题，帮助家庭减轻焦虑，使家庭的眼睛从问题中解脱出来，看到一些新的东西。问题被心理学大师看作一种对家庭有益的互动形式，引发家庭成员之间新的行为。相信读到这里的读者，如果和孩子有什么麻烦，即使不能用一些新的视觉去看，也不会再拒绝心理医生。

　　现在，我们回到康康的家庭，一方面，由于康康的"洁癖"，一家人得以团聚，不再过那种漂泊留守的日子。另一方面，洗手又让他得以化解成长中的"内心冲突"，冲突的形成在于16岁的他与母亲之间需要有一种成长性的情感分离，但客观的生活情景又迫使他和母亲不得不维持全方位的亲密，这不仅是他的需要，更是母亲的需要。这一症状或疾病使康康成为一个"需要被照顾"的人，这帮助他在与母亲的相处中既能维持亲密又能保持分离。心理治疗中，治疗师喜欢对症状做阳性赋义，一般的家庭总是看到问题不利的一面，看不到问题有益的一面。父母总会说，如果家庭中没有这个或那个问题，一切都会好起来。其实，任何一种家庭都会存在相应的问题，问题的表达方式是被家庭的文化特征决定的。

米纽琴对康康说："你已经 16 岁了，你喜欢洗手，洗多少次都成，只要你洗得痛快。但是你能否不让母亲知道？"这句话，看似简单，却是家庭治疗中最重要的理念。心理治疗师并不太关心问题是什么，而关心问题是怎样形成的，谁认为是问题，以及谁参与了问题或成为问题的一个部分。心理治疗的过程就是揭示和化解问题构成的系统，消除对问题的负性赋义，包括医学诊断，让问题回到它本身的样子。青少年在成长的某一时刻，都会表现出一些强迫性色彩，这是很自然的。是谁在什么样的情境下强化了这种行为色彩，使之被固化成一种问题？回答了这些问题你就能找到让家庭健康发展的途径。当母亲不再关心康康洗手时，康康的洗手冲动或洗手时的焦虑都会大大减轻。遗憾的是，在我们国家不少心理医生和心理辅导人员不懂得这些治疗理念，热衷于帮助家庭找问题和解决问题，这反而促使家庭问题慢性化，家庭自发的改变被压抑并学会了依赖心理医生，成了治疗师的"孩子"。

最后米纽琴问父亲："你怕不怕会失去你的儿子？"问问题本身有一种心理导向，是一种治疗性扰动，并为家庭建构一种关系现实。但心理治疗师问问题可能会面对一些危险，米纽琴的问题可能会激发家庭中压抑了的伦理焦虑，在对家庭关系产生有效治疗的同时，可能又把家庭推到新的危机上。国内的医生较注意东西方的文化差异和文化禁忌，避免遭到家庭的反感；在涉及家庭某些深层问题时，需要等待家庭自己对此问题有基本的领悟和认识。

心理学在处理孩子问题时常有一种习惯的问法：

"有这个问题之后和没有这个问题之前有什么不同？"

"哪些变化你喜欢？哪些变化你不喜欢？"

"如果问题还有一个好处，好处是什么？"

"如果有一天问题会自然消失，你猜会是几天、几个月，或几年？"

这样的提问旨在破除问题对家庭的催眠，让家人对问题有新的感觉。

第 27 章

孩子是
家庭的另一面镜子

孩子是家庭的另一面镜子，他有时会以患病来维持一种家庭功能。父母为了孩子的身心健康，也会暂时达成共识维持和平的假象。殊不知这种假象就像是吸毒上瘾，会让孩子因此迷上得病而不自知。

在我的脑海里，一直回响着德国老师西蒙的话："一个家庭里，不是系统构成了问题，而是问题构成了系统。"这里的"系统"是指家庭内部人与人的关系以及由这些关系构成的家庭规则。一个患病的孩子会创造另类家庭关系和另类家庭规则，形成家庭内部新的平衡。

在门诊我接待了这样的一个家庭，男孩子今年初三，面对即将到来的中考，紧张得出了胃肠疾病，不能吃东西，一吃肚子就胀痛得要命。几天以后，身体衰弱得不得不到医院打点滴。医生诊断孩子是胃肠神经症或焦虑状态，建议父母替孩子减压来缓解孩子的心理症状，但收效甚微。

我在诊室里和孩子谈起学习，没有看到他有明显的情绪反应，多少还有些沾沾自喜。他对我说，初二的时候，为此病住过一个月的院，期终考试仍是班里的前三名。孩子的病有些古怪，于是我把注意力转向他的父母亲。

单独和父亲或母亲见面时，感觉彼此对婚姻都有很大的怨气，母亲埋怨父亲内向、固执，对孩子放任；父亲数落母亲霸道、专横，对孩子残忍。和父母两人在一块交谈时，他们却有明显的矜持，要么遮遮掩掩，要么三缄其口，彼此都在回避矛盾。我把孩子叫进来，坐在父母身边，气氛却一下有些和睦了，父母针对孩子倒还有些交流，说话时也能互相补台，让人感叹"可怜天下父母心"，竟然可以为了孩子而忍恩仇。

作为家庭治疗师应已明白，孩子的症状是在维持一种家庭功能。疾病对家庭有一种很强的扰动力，每当夫妻的恩怨积攒到一定的强度，婚姻开始不稳定时，孩子的疾病就出来替夫妻泻火。我在咨询中得知，孩子不吃饭的问题从 3 岁时就已经开始，断断续续。父母为了孩子的身心健康，达成一个共识，即在孩子面前不争吵，维持和平的假象。无数事实证明，冲突白热化的家庭可以因为某个成员的患病变得矛盾消解而团结一致。殊不知这种假象就像是吸毒上瘾，孩子会迷上得病而不自知。

在多子女的家庭里，体弱多病的孩子总会得到父母更多的宠爱，犹如爱叫的鸟儿吃得饱。有一个家庭，父亲在外平庸无能，在家却是一个极具权威感的人，母亲有些神经质，情绪阴晴不定。他们有两个男孩，老大木讷，性子还急，和父亲就成了生冤家死对头；老二嘴甜，动作伶俐，自然就是父母的心肝宝贝。慢慢地，老大就成了家庭里提不起的嫩豆腐，老二的发展却顺风顺水，在家是乖孩子，在外是好学生。有一天，老大上学回家，被后面飞驰而来的摩托车撞伤了腰，撞折了右腿。躺在病床上痛苦虚弱的老大激发了父母内心很强的恻隐之心，他们一反常态，开始对老大百般呵护，两个多月的康复中，老大在父母的笑脸中过的是一种"神仙般"的日子。老大与父母的关系迅速增进的同时，在家里逐渐听到老二在唉声叹气。到后来，父母对老大的关怀成了一种担心，因为老大的伤腿功能恢复总是不理想，这让骨科医生与运动神经科医生伤透脑筋，百思不得其解。

心理医生深知，老大残留的症状在某种意义上是潜意识要保留住父母对他的爱，潜意识希望用疾病来控制他所爱的人，类似一种心理补偿性神经症。心理医生要做的事正是对这样的症状释义，以增强家庭内部的交流。

　　许多婚姻里，妻子觉得她再也控制不住男人或将要失去她所爱的人时，神经衰弱就会来帮忙。太太病了，先生还能忍心对她凶吗？在治疗心理学中，心理疾病与功能障碍性疾病在很大程度上是一种心理诉求，要改变不良的现实。如果我们主动去迎合这些改变，疾病就成了多余的东西。

# 强迫症的孩子

在我看来关注家庭的问题是什么，和关注家庭与问题共存的模式同样重要。有时我们会发现家庭中存在一些被家庭中某个成员"主导"而成为问题的问题。

我接待过一个由治疗师 A 转诊过来的家庭。A 在转诊记录上说："这是一个很缠绕的家庭，内部缺乏一种合作，彼此总是拆台。孩子的强迫症状可能是维持家庭延续的一种代偿机制，但父母亲不能或不愿觉察自己，也不愿意探索彼此的关系，家庭治疗不能深入……"我相信 A 的判断和能力，我仔细阅读转来的家谱图，发现父亲是一个很孤傲的人，与自己所有的亲属关系恶劣，母亲却从小是一个有些受宠娇气的幺女，与自己的父母哥姐关系一直密切。母亲坚持要在我见她孩子之前先和我面谈，我接待了她。

这是一个近 40 岁的中年妇女，有文化，经济状况良好，她忧心忡忡地对我说："我的孩子已经被几家医院的精神科专家诊断为强迫症，住过医院，吃了近一年的抗抑郁和抗焦虑的药。现在的问题仍然是慢、磨蹭、重复做一些很细小的事、臭规矩特别多，我和他父亲在家里没有自由，必须由着他，不由着他就发脾气、冲动、砸家具，很吓人。"

## 了解治疗背景

我问："孩子自己想来吗？"

母亲含混地说："他很着急，我知道他内心很痛苦，但他没有自我控制的能力。医生，你一定得好好帮帮我们，帮帮孩子。"

我接着问："在看 A 医生之前，你们还找过什么样的医生？"

母亲说："开始是儿科医生，然后是精神科，吃药效果不好才开始找心理医生。先是做行为学习和焦虑控制，后来还做过分析治疗、认知疗法、家庭治疗……"

"你孩子对哪种医生反应较好？"我问。

母亲回答："医生的话他都爱听，接受也快，就是做不到。戴了一个强迫症的帽子他心里烦，学校的学习变得很糟糕，与老师和同学关系也比以前差，没有人愿意和他做朋友。"

我问母亲："如此多的方法对他都没有用，我还能做什么？"

母亲急切地说："我们是慕名而来，知道你很在行，请你务必帮帮我的孩子！"听了这样的话，我是高兴不起来。因为，许多同行都做过努力和尝试，留给自己可选择的治疗空间已经非常狭窄。


## 见惯不惊的小凯

尽管我已有心理准备，见到那个 15 岁的叫小凯的男孩时，我的心依然在下沉。他和父亲走进我的诊室，我看到孩子表情非常木然，似乎见多不怪，天下已经没有再能让他有新奇感的医生了。父亲缩在一个角落里，离孩子很远，有一种事不关己、高高挂起的感觉，而母亲似乎穿梭在两个男人之间。

我笑着对父亲说："你坐得最远，就由你先说！"

父亲仿佛一愣，然后有些迟疑地说："我能说什么，孩子的病是越看越重，越重越看，看来再没好日子过了。"

母亲立即插嘴："其实改善还是有的，只是不明显。"

然后她讨好地说："小凯，李医生和过去的不一样，把你的问题给医生说一说。"

小凯迟钝地说："我总是反复想一个念头，做一件事，浪费许多的时间；做作业很慢，心里很着急，就是快不起来，每天都完不成家庭作业，12点还上不了床，觉也睡不好！母亲喜欢催我，她一催我，我就急，我一急，父亲就来干涉，他们俩就争吵，他们一吵，我的心就更烦，重复的动作就越多……"

我问他："你怎么看待你的慢？"

小凯说："医生说是我大脑里神经递质紊乱，缺乏一些活性物质，我要靠吃药来维持脑功能。A医生认为我在用症状控制父母，帮助解决家庭冲突，我觉得这不可能，我自己都顾不上，哪还能想着他们。在A医生之前有个B医生给我做过分析，认为我小时候没有得到很好的照料，被管束太多，缺乏对他人的信赖，安全感也差。那是父母忙于工作把我寄托在别人家里造成的，现在想变也难……"

话匣子打开，小凯把一腔痛苦、烦恼、期待都倾诉出来。我却在想，小凯在利用心理医生逃避成长的责任，把问题一股脑地推给家人。我怎样才能给他一个新感觉？怎么让他的思维方式、情感、观念从疾病固有的模式中走出来？

## 走出重复治疗

首先我认同医生们做过的尝试，为了不重复，我要故意忽视小凯的强迫症状，不把它看成是需要解决的问题。如果过多关注孩子的行为，等于无意识接纳了小凯思维中隐含的逻辑——他是不正常的。不正常的强迫症状虽然是治疗的前提，但它好比是前进路上的一块大石头，搬不动它，我就绕着走。

重复的治疗也有一种强迫意味，我必须做一些让家庭意想不到的事，来破坏这种重复的循环。

我问小凯："你的这些症状从什么时候开始陪伴你？"

小凯说："5年以前。"

"那个时候你认为自己有病吗？"

"只有些奇怪，感觉与别人不同。"

我问大家："小凯过去用多少时间想自己的病，现在用多少时间？"

父亲说："我看他整天都在和病纠缠！"

母亲说："放假的时候要好一些，作业多、学习压力大的时候，他的症状也多。"

小凯回答得最贴切："过去我只是偶尔对自己的慢、重复动作反感，但学习压力不重，也不觉得如何。现在到了高中，明显觉得自己要不改变就会跟不上，所以天天都很急！"

我转过来对父亲说："你先前的话给了我一个启发，最好的治疗也许就是保持它！小凯最大的问题是有一种思维模式，总想把一件事做得更好，如何让他学习把一件事做得糟一点，让自己犯一些错误，破坏一些规则，可能对他更重要！"

**反向扰动**

我对小凯说："我建议你不要再试图改变你的症状，还要努力保留它，故意让自己慢一点。那是你的个性特点，它们让你与众不同，你是一个追求完美的人，你应以此为骄傲……"孩子的父母有些惊讶，或许是一种愤怒，但努力克制着。我对父母说："你们要提醒孩子保留他的症状，那是完美主义者的标志，你们甚至可以学习小凯的行为方式，让整个家庭呈现出秩序、整洁和条理……"我看得出，父母的眼睛里透出完全的不信任，奇怪的是小凯的眼睛却在放光。我对小凯父母强调说："给我一个月的时间，在这个时间里，任何人不能把小凯当作病人，也决不能再提治疗、药物、强迫之类的词语。当小凯忘了认真与仔细，变得马虎时父母要提醒他保持严谨……"

不管家庭如何想如何做，治疗师毕竟做了新的尝试，通过反常的扰动来破坏症状建构起来的循环。许多时候，家庭感觉不能再依靠心理医生时，反倒会采取更加合理的方法与行为，纠结的矛盾反倒会逐步松解。没有想到，放弃所有对治疗的欲望，小凯的症状也失去了动力，他变得不那么强迫了，虽然还是有些重复，还是有些慢，但神经质的焦虑却无影无踪。

一个月后小凯非要来见我，我见到他的脸上有了笑容，因为他发现他的问题并没有想象的那么糟，没有医生陪伴的日子里，阳光依然灿烂。努力不要与其他医生的治疗重复，往往能收到好的结果。

# 李子勋经典书系
## —集体亮相—

## 不想让孩子在未来被 AI 取代就读这套书

## 回归自身的体验，活出自在的样子

ISBN 978-7-5169-2488-4
定价：65.00 元

ISBN 978-7-5169-2489-1
定价：69.00 元

ISBN 978-7-5169-2494-5
定价：69.00 元

ISBN 978-7-5169-2490-7
定价：65.00 元

ISBN 978-7-5169-2487-7
定价：69.00 元

ISBN 978-7-5169-2491-4
定价：69.00 元